[繪·文]
速水螺旋人
Хаями Расэндзин

[文]
津久田重吾
Цукуда Дзюго

СЛИШКОМ ПОЗДНО

全世界無產者，聯合起來！蘇聯史筆記通

CONTENTS

BACK IN THE USSR

我成功用時光旅行回到1989年啦！

拉開

哇！

……我來找以前的我，你是哪位啊？

我就是你啦，大叔。

兩個人都是戴眼鏡的胖子會讓人覺得不舒服吧～

大叔你就接受我們是不同次元的存在啦。

算了，不重要。這個時代蘇聯還存在！我們去蘇聯吧！

怎麼突然想去？

不過聽說蘇聯的改革如火如荼，我也想去看看～

既然決定了的話，事不宜遲，那就來預訂行程吧。

咦？WiFi連不上啊？

蘇聯可不是一個可以隨隨便便旅遊的地方喔！

你說什麼？

首先必須仔細地規劃旅行計畫……

・設定出發和回程日期
・決定要前往的城市和住宿天數
・規劃路線
・決定交通方式
・選擇住宿飯店
・選擇旅行社

參加旅行團比較輕鬆～

莫斯科是一定要去的，另外我也想去諾夫哥羅德……

那是哪裡？高爾基？蘇聯能去的只有開放城市喔？

規劃好行程後，就去旅行社申辦。

旅行社會幫忙向蘇聯國營旅行社Intourist詢問

幾天後，Intourist的答覆是……

想待的天數不同！飯店也不一樣！

好，預約完成！一大堆文件！

電傳的時代…

還有重要的手續要辦喔。

來，這是申請表和簡歷…

還得去蘇聯大使館辦理簽證。

哦哦，是狸穴！

雖然也可以委託旅行社代辦…

簽證大約會在申請完的一個星期後簽發—

現在是貼在護照上。

來貼吧！

跟2018年簡直是天壤之別～

3張釘一起。

狸穴是東京的地名，為現在俄羅斯大使館的所在地。

終於，要動身前往蘇聯了！

這回是搭乘俄羅斯航空從成田飛往莫斯科！

哇～是伊留申IL-62客機！

引擎聲有夠吵的♪

2018年是波音767客機。

看起來兇巴巴的空姐！

體態豐腴步履沉重

也跟21世紀的空服員差太多了吧～

現在都是和藹可親。

莫斯科謝列梅捷沃2號機場雖然是超級大國的門戶，卻顯得昏暗冷清……

天花板上有奇怪的物體。

那麼，接下來，就讓我們透過這本書，來調查一下蘇聯是怎樣的國家吧！

全世界無產者，聯合起來！蘇聯史筆記通

參考：《地球の歩き方 ソ連1990～1991年版》

005

從資料開始介紹蘇聯

●國名　蘇維埃社會主義共和國聯邦

俄文為Союз Советских Социалистических Республик。也經常以西里爾字母的縮寫CCCP（發音為sssr）來表示。

●國策　全世界無產者，聯合起來！

●建國　1922年12月

1917年的二月革命導致俄羅斯帝國崩潰，歷經同年十月革命爆發的俄羅斯內戰，史上第一個社會主義國家蘇聯就此成立。

●解體　1991年12月

1991年，保守派發動的八月政變以失敗告終，蘇聯共產黨隨之解散；聯邦的所有加盟共和國紛紛宣布獨立，蘇聯就此解體。

●首都　莫斯科

●貨幣　蘇聯盧布

●國歌

　國際歌（1922年～1944年）
　蘇聯國歌（1944年～1991年）

●國土面積　22,400,000㎢

約2,240萬㎢。面積是加拿大、中國和美國的2倍以上，日本（37,7972㎢）的59倍以上，為當時世界上領土最大的國家。值得一提的是，當今國土面積最大的國家是俄羅斯聯邦，其面積為17,098,242㎢。

●人口　286,700,000人（1989年）

約2.9億人。在1989年時排名世界第三，僅次於超過11億人的中國和約8.3億人的印度。現今俄羅斯的人口約1.46億人，排名世界第九。※蘇聯的人口數據是根據1989年的蘇聯人口普查而得。

●GNP　2.6595兆美元（1990年）

根據CIA於《世界概況（The World Factbook）》（1990）發表的估計，以約2.66兆美元位居世界第二。在這個資料中，美國以5.23兆美元排名第一，日本以1.91兆美元排名第三。

●歷代最高領導人

　弗拉迪米爾・列寧（1922年～1924年）
　約瑟夫・史達林（1924年～1953年）
　格奧爾基・馬林科夫（1953年）
　尼基塔・赫魯雪夫（1953年～1964年）
　列昂尼德・布里茲涅夫（1964年～1982年）
　尤里・安德洛波夫（1982年～1984年）
　康斯坦丁・契爾年科（1984年～1985年）
　米哈伊爾・戈巴契夫（1985年～1991年）

●蘇聯加盟共和國

　俄羅斯
　烏克蘭
　白俄羅斯（貝婁魯斯、別洛露西亞）
　烏茲別克
　哈薩克
　喬治亞
　亞塞拜然
　立陶宛
　摩爾多瓦
　拉脫維亞
　吉爾吉斯
　塔吉克
　亞美尼亞
　土庫曼
　愛沙尼亞

●國旗

●國徽

★蘇聯的基礎知識

★ СЛИШКОМ ПОЗДНО, ЭТО СССР! ★

ПРОЛЕТАРИИ ВСЕХ СТРАН,СОЕДИНЯЙТЕСЬ!

蘇聯的基礎知識

其1 共產黨的祕密

蘇聯是一黨獨裁的國家,如果想要出人頭地,就必須加入共產黨一步步往上爬。那麼,什麼是共產黨員?該如何成為一名共產黨員呢?

СЛИШКОМ ПОЗДНО, ЭТО СССР!

СЛАВА КПСС!

蘇聯常見的口號是「榮耀歸於蘇聯共產黨!」

發音為「steva carpaeses!」

儘管並非共產黨本身,但蘇聯的國徽象徵著共產主義的強大,所以想跟大家介紹一下,畢竟是本書的第一篇內容嘛!

正中央是世界地圖!代表共產主義是一項國際運動。

絲帶上用構成蘇聯的各種民族文字寫著馬克思說過的「全世界無產者,團結起來!」這種國際性在看待蘇聯的時候非常重要,所以一定要記住。

ПРОЛЕТАРИИ ВСЕХ СТРАН,СОЕДИНЯЙТЕСЬ!

鐮刀和錘子並非蘇聯專屬的標誌,而是共產主義的象徵,所以中國共產黨也會使用!

加上星星就變成蘇聯國旗了。

畫起來好麻煩啊…

★ 共產黨是怎樣的存在?

蘇聯是由共產黨成立的國家,它並非基於選舉的政權交替,而是透過革命徹底顛覆之前的國家體制而誕生。

當然,這條路並不平坦,共產黨也並非團結一致。工會和地下組織經過反覆的分合,最終才形成一個龐大的組織。1898 年,「俄羅斯社會民主勞動黨」總算初步整合完成並誕生;然而到了 1903 年,黨分裂成兩個派系,分別是布爾什維克(большевики,發音為 bol'sheviki)和孟什維克(меньшевик,發音為 men'shevik)。

雖然這兩個名詞在俄語中分別意指「多數派」和「少數派」,實際上卻是孟什維克的人數較多。不過,由於布爾什維克占據了黨內的多數要職,因此逐漸掌握整個組織。

共產黨這個名字是在不久之後才首次出現。在 1918 年「俄羅斯蘇維埃社會主義共和國」成立之後,「俄羅斯共產黨」隨之誕生。實際上,「蘇聯共產黨」這個名稱是過了很長一段時間後才出現的,直到 1952 年才確定為正式名稱。

不過,其實「共產黨(Коммунисти́ческая

蘇聯共產黨的前身是帝俄時期的俄羅斯社會民主勞動黨，
這是一個名符其實的祕密組織—在政府看來，
它就是「企圖征服世界的邪惡祕密組織」。
列寧時代的共產黨（當時稱為布爾什維克）
是由大約15名職業革命家組成的精銳政黨。
然而到了革命後數年的史達林時代，
共產黨卻變成吸收大量黨員的「大眾政黨」。

正如津久田先生在文中所提到，
蘇聯人並非都是共產黨員，也有很多非黨員的菁英，
不過考慮到6.4％人口（成年人約10％）都是黨員，
這數目可不容小覷。好比高中同學中有3、4個人入黨，
左鄰右舍又幾個人加入共產黨，感覺起來就像這樣。
只要拿日本的自民黨員占人口的比例來比較，
應該就能理解一黨獨裁的威力有多麼強大了！
雖然不同的時期各有差異，但蘇聯追求的理想社會
並不僅僅是空泛的口號，相信這個理念並為了創造
更美好未來而努力的人，遠比現在所想像的還要多，
而且也廣受接納。（這樣的理想是否完全發自真心，
其中又牽涉到一些微妙和複雜的問題）
那些勤奮、負責的班長類型的人，就會成為黨員。
據說現在的俄羅斯，曾在蘇聯時期
當過黨員的大嬸也大多是非常親切的人。

編輯問我
黨員有沒有制服，
我說沒有。
雖然有黨員證
和黨員手冊，
但設計相對簡單！
對了，
即便菁英黨員，
也未必高學歷
或是白領階級，
因為蘇聯是
工人的國度！

「пионер」
在英文中
是「Pioneer」
的意思。

共產黨的下層組織為
「пионер（pioner）」
這個類似童軍的團體，
再來是青年組織
「комсомол（komsomol）」，
最後才是共產黨，
愈上層的加入門檻愈高。

па́ртия，發音為Kommunistícheskaq pártiq）」這
個名稱在任何地方都一體適用，何況政黨本來
就只有一個，就算只叫「黨（па́ртия，發音為
pártiq）」也沒有問題。由於蘇聯共產黨的正式名
稱相當冗長，因此通常都是以縮寫「КПСС（發
音為KPSS）」來表示。

　順帶一提，布爾什維克是二次大戰期間納粹德
國含有憎恨或輕蔑意味的愛用詞，被用以代指
「野蠻人」俄羅斯人或蘇聯士兵。

　另外，經常有人誤解蘇聯人全都是共產黨員，
但其實不然；縱然是1980年代中期，黨員也只

有大約1,800萬人。當時的蘇聯總人口數不到2
億8,000萬人，差不多只占整體人口約6.4％。

　只有成年人才能成為黨員。端看成年人，比例
約只有10％。根據規定，入黨者須年滿18歲，
並經由2名以上的黨員推薦，通過審查後才能加
入。所以除非高級幹部的子女，否則很難擠進黨
的窄門。多數普通的老百姓似乎都是30歲以後
才加入。

　成為共產黨員的途徑與教育密切相關。首先，
在7歲至11歲期間必須參加類似幼稚園的「十月
革命少年團（октябрята，發音為oktqbrqta）」。

莫斯科的紅場。中央的尖塔是斯帕斯卡亞塔，左右兩側是克里姆林宮的城牆，左前方是列寧墓，右側的圓頂建築是蘇聯內閣大樓。

當然，這時不太可能被拒絕加入。

接下來是10歲到16歲的「共產主義少年團（пионер，發音為pioner）」。從這個階段開始便會要求忠於體制，學校的成績和品行等都會受到審查。然而標準模糊不清，只提到「不允許撒謊、懶散、貪玩、行為不良的少年加入」，但蘇聯確實存在品行相當惡劣的不良少年團體。

再來是「列寧共產主義青年同盟（комсомол，發音為komsomol）」，以年齡15歲到28歲為對象。到了這個階段，審查標準變得相當嚴格；年輕的黨員候選者，必須嚴以律己。要做到這一點相當困難，只要稍有不慎得罪當局，就會被毫不留情地除名。不限於批評體制這類誇張行徑，涉及性或暴力的音樂、詩歌和繪畫等都屬管制範圍內。對年輕人而言，可說是發展處處受壓抑的世界。

當然，只要取得重大成就，就能立即被提拔為黨員。上述三個組織的對象年齡略有重疊，就是考慮到這類「跳級」的情況。

太空人尤里・加加林（Yuri Gagarin）就是著名的例子之一。他出發前往太空時明明還是列寧共產主義青年同盟的一員，但回到地球後便一躍晉升黨員身分。

蘇聯最後一任總書記米哈伊爾・戈巴契夫（Mikhail Gorbachev）可說是蘇聯歷史上跳級最快的例子之一。他14歲時就從共產主義少年團進入列寧共產主義青年同盟，年僅21歲便成為黨員，這樣的晉升速度前所未見。

那麼這些「黨員」，到底需要做哪些事情呢？

簡單來說，就是成為支撐蘇聯體制的社會典範。不但得不眠不休地學習馬克思・列寧主義，每當領導人更迭導致黨的結構發生變化時，也必須將黨中央最新的政治動向牢記在心。

撰寫論文並投稿到黨的機構刊物上也是非常重要的一件事，其中的訣竅就在於如何巧妙地引用馬克思或列寧的話，而不是簡單地複製貼上來做評論；此外，現任領導人的言論也十分重要。因此，蘇聯的一般民眾會經常關注蘇聯共產黨高級幹部的言行，以及相關的報導方式。

如果引用的高級幹部遭到撤職，便有被質疑「引用國家敵人言論」的可能性。派駐在蘇聯的特派員和大使館人員會經常觀察書店的櫥窗，檢查誰的書放在哪個位置。如果昨天還擺在櫥窗內的書籍遭到撤換，就有可能是高級幹部失勢的前兆。事實上，這樣的判斷方式也通常十分精準。

店員們不需要上司的指示，而是平時根據報紙的報導內容加以判斷「這個高級幹部的書應該要撤掉了！」。當然，可以以此推測出這些店員也是黨員。

此外，黨員要在崗位上積極工作，尤其鼓勵加班，假日也須志願清掃公園或廣場。同時，找出適合成為黨員的人才也是其任務。發掘忠於體制的優秀人才，擴大黨的勢力，不僅是重要工作，也關係未來升遷，亦是推動背後派系的第一步。順帶一提，一旦離婚，黨員資格就會被剝奪。

比較麻煩的是爆發戰爭的時候。「逃兵」絕對是不被允許的行為，更甚所有人必須自願參軍，展現出比任何人都還要勇敢的精神。實際上，在偉大衛國戰爭（第二次世界大戰）中獲得「蘇聯英雄」稱號的人，其中有74％是黨員。想當然是冒著生命危險才獲得的頭銜。

СЛИШКОМ ПОЗДНО, ЭТО СССР!

俯瞰極東城市哈巴羅夫斯克（Khabarovsk）列寧廣場上的列寧銅像。雖然現在稱為自由廣場，但列寧銅像依然屹立不搖。

★ 通往特權階級「紅色貴族」的道路

既然那麼辛苦，那為何人們都想成為黨員呢？這是因為在社會上出人頭地的自然欲望發揮了作用。首先，人們會在集會中擔任某種職位，然後努力成為小團體的領導者。遺憾的是，無論東方或西方，人們都會在這個過程中利用關係、賄賂和奉承等手段往上爬。不過，就算是透過航髒手段出人頭地，周遭的人也都心知肚明——有趣的一點，黨員、委員和幹部的俄語「член（發音為chlen）」一詞除了職位之外，還有「男性器官」之意。所以若用「那傢伙真是個可恥的член」來嘲笑他人時，這句話就具有雙重含義。

那麼，出人頭地後會得到哪些好處呢？

首先是薪水會增加。如果能力相同，黨員身分會被優先考慮，因此在職場上的晉升速度比他人來得快。除此之外，也可以前往共產黨員專用的商店，購買優質的肉類和蔬菜，甚至能買到伏特加或白蘭地這類高級品。

只要繼續努力，目標就會愈來愈清晰，走上不一樣的仕途。除了職場晉升之外，也有機會進入共產黨高級幹部之列。

這些高級幹部的名字會記錄在名為「номенклатура（發音為nomenklatura）」的名單上，這是蘇聯特權階級的別名，這些萬中選一的人只占總人口的1％，西方稱這些人為「紅色貴族」。

一旦錄入這個名單，便可以算是人生勝利組了。不僅能住寬敞的公寓，也可以購買自用車，當然購物也不需要在黨員商店排隊等待，可以去黨幹部專用的特別商店購買。

拿到劇院門票也絕非難事。在度假村和觀光勝地的飯店能夠享受高級黨員專用設施，搭飛機也可以選擇頭等艙。值得一提的是，蘇聯的經濟艙和頭等艙價格是一樣的，但只有地位高的黨員才能購買頭等艙的機票。在蘇聯，如果在黨中的地位不高，就算再有錢也沒有意義。

以前如果說喜歡蘇聯的話，別人可能會一臉嚴肅地詢問「你是偏哪一派的？」等問題，但現在可以自由觀光，變成了更好的時代。

津久田

蘇聯末期也出現了「保守派共產黨」，這些人的心中浮現「到底什麼是前衛⋯⋯」的感慨。現在的俄羅斯共產黨不但公然評價史達林，並且似乎愈來愈趨於保守。

速水

其2 KGB與國內治安機構

直到不久之前，一說到好萊塢電影中的壞蛋角色，就不得不聯想到KGB的間諜，但除了諜報之外，KGB還是執行各種任務的龐大機構。本節特別針對國內治安的相關內容進行介紹。

委員會
國家
安全

80年代
KGB制服

基本上
與軍隊相同，
有些外國旅人
會誤認成軍人。

Комитет Государственной
Безопасности
(Komitet gosudarstvennoy bezopasnosti)
取開頭字母就是「КГБ」
或「KGB」。

KGB的徽章採用
盾牌和劍的意象，
很容易就能看出
想表達的內容。

繼KGB之後的
俄羅斯聯邦安全應
FSB的徽章，
圖案只不過是
將鐮刀與錘子
換成雙頭鷹，
設計上大致相同。

啊，也有很多
穿便服執勤的人！
像這位老兄是上尉。

世界上最強的治安機構「KGB」

　蘇聯是個擁有強大治安機構的國家，而KGB就是其中的代表。KGB是「國家安全委員會」的縮寫，俄語為「КГБ」。我們偶爾會看到「祕密警察」的描述，但那可是大錯特錯。在蘇聯，每個人都知道KGB的電話號碼，也知道辦公室的位置。相反地，不認識KGB可是很麻煩的。

　KGB是一個龐大的組織，任務也五花八門。在美國，收集情報的工作是由CIA和NSA負責，而揭發間諜和逮捕重犯的工作則由FBI負責；KGB

卻是同時負責這兩種工作，還得執行保護重要人士的特勤任務，也擁有反恐特種部隊。列寧墓的衛兵可說是莫斯科觀光名產，這些人被稱為「克里姆林宮警備隊」，每小時進行一次交接儀式，動作如機器人一般整齊有序，彷彿魔法般耀眼奪目。順帶一提，克里姆林宮警備隊還有飼養老鷹來應付鴿糞問題，KGB中也有馴鷹職人。

　然而，他們最重要的任務始終是思想控制。在共產黨一黨獨裁的國家中，人們沒有選擇其他政治模式的自由，體制批評是絕對不被允許的。

　因此，KGB建立了一套監視全國人民的系統。

★СЛИШКОМ ПОЗДНО, ЭТО СССР!

創立 KGB 前身 Чека（Cheka）的
波蘭貴族‧革命家
費利克斯‧埃德蒙多維奇‧捷爾任斯基
（Felix Edmundovich Dzerzhinsky）。

Чека 的全名是
「全俄肅清反革命及怠工非常委員會」，
為革命後創設的治安機構。

他的銅像長期擺放在莫斯科的 KGB 總部前
直至蘇聯解體為止，因被視為共產黨
統治的象徵而遭到撤除。

然而，這個銅像並沒有被棄置，
而是為了留下
歷史的見證，
好端端地陳列在
特列季亞科夫美術館
新館外的雕像展示區。
令人敬佩。
據說連現在的 FSB 職員
也對它表示尊敬呢…

普丁可以說是 KGB 最著名的相關人士！
他為何會加入 KGB 呢？據說少年時期看了間諜電影
《盾與劍（The Shield and the Sword）》，從此懷抱著
「我也要當間諜！」
的夢想。

提到以捷爾任斯基
命名的物品，
有個名為 FED 的相機品牌，
是在捷爾任斯基紀念工廠生產，
並以其字母開頭命名為「FED」。

這次
可沒有畫
女孩子喔！

深受
吸引

KGB 雖然很受一般民眾的歡迎，
卻因為限制思想和行動而受到知識分子、
藝術家的厭惡，有點像警察受到信賴，
卻也有些人討厭警察一樣。
KGB 出身的重要人物還有
在戈巴契夫政權時
擔任外交部長、
後來的喬治亞總統
謝瓦納茲（Eduard
Shevardnadze）。
每個共和國
都有
KGB 的人～

少年普丁曾衝到 KGB 分部詢問如何加入，
接待的職員卻以「我們不收志願者」、
「如果在大學或體育方面有出色的表現，
有可能會被招募」這些話來打發他；
後來努力學習，終於成功被 KGB 招募，
堪稱是個相當勵志的故事！！

認真回答 14 歲少年問題的職員
可說是個很有耐心的大人！
順帶一提，《盾與劍》是描述
蘇聯間諜假扮德軍
潛入敵營的故事。
此外，一些 KGB 題材的暢銷小說
和電視劇都很受大眾歡迎，
使得 KGB 的人氣扶搖直上。

容易被盯上的以與言論相關的記者或作家、經常有機會出國的運動員或音樂家等類人，以及俄羅斯正教或伊斯蘭教等宗教界人士。當然，一般市民也逃不過他們的眼睛，大至軍官公署、小至農場，各個地方 KGB 都無所不在。

他們會在工作場所建立內奸網路，使其互相監視並鼓勵舉報。有時會毫無緣由地被請去喝茶，接受各式各樣的盤問。KGB 可以輕而易舉地破壞人們的日常生活，無人可以反抗。

儘管 KGB 是典型的反派角色，但令人意外的是，他們也有值得信賴的一面。KGB 的座右銘是

「熱情的心，冷靜的頭腦，純潔的手」。事實上，他們揭發貪污和組織犯罪，對於消除蘇聯社會的弊端也發揮一定的作用。

眾所周知，普丁是前 KGB 成員，他之所以受到支持，可能正是出於「前 KGB 的他很可怕」和「前 KGB 的他值得信賴」兩種矛盾的意識。

順帶一提，KGB 職員稱為「чекист（chekist）」。雖然這被認為是一種蔑稱，但也有很多職員自豪地用以自稱。這是一開始名為「вчк（vchk）」的治安機關遺留下來的名稱，其正式名稱是「全俄肅清反革命及怠工非常委員

位於莫斯科盧比揚卡（Lubyanka）的KGB總部。由於拍攝當天是國際勞動節，因此外頭懸掛著列寧的肖像畫。右邊是創始人捷爾任斯基的雕像，現在已經被拆除了。

會」。如果去掉「全俄」這幾個字，這個詞就變成了Чека，這個時候就是指包括俄羅斯以外的共和國在內的全蘇聯非常委員會。

Чека是在1917年十月革命的兩個月後開始運作，初代會長是一位名叫費利克斯・捷爾任斯基（Felix Dzerzhinsky）的波蘭人。此人雖認真又正直，卻會為了理想而不擇手段，這樣難搞的性格使他成為KGB的化身。

當時，列寧所領導的布爾什維克雖然革命成功，但也面臨著許多問題：經濟陷入困境，同時也爆發飢荒，忠於皇帝的軍隊和官僚仍然存在，國家處於一片混亂。列寧等人岌岌可危，不知何時會遭受逆轉的失敗。因此為了快速解決問題，選擇「清洗」間諜，甚至連提出反對意見或批評的一般老百姓也同時遭到逮捕和處決。就算無所作為，也會因為革命前地主或貴族的身分就慘遭殺害。考慮到捷爾任斯基本身是波蘭裔俄羅斯貴族世家，如此作為頗具諷刺意味。

這種對蘇聯敵人的徹底打壓，成為治安機構持續存在的基因。

Чека在1922年蘇聯成立時遭到廢除，但很快便由「ГПУ（GPU）國家政治保衛局」接手，其後又陸續更名為「ОГПУ（OGPU）國家政治保衛總局（1923）」、「ГУГБ（GUGB）國家安全總局（1934）」、「НКГБ（NKGB）國家安全人民委員部（1940）」。後來又改回「ГУГБ（GUGB）國家安全總局（1941）」，沒想到「НКГБ（NKGB）國家安全人民委員部（1943）」再度復活，原以為終於決定採用「МГБ（MGB）國家安全部（1946）」這個名稱，結果「ГУГБ（GUGB）國家安全總局（1953）」又死灰復燃，

直到1954年「КГБ（KGB）國家安全委員會」才終於誕生。還真是喜歡把名字變來變去……。

在這段期間，長官的更換速度令人目不暇給，全都死於非命。更可怕的是，制服和徽章等物品也隨之不斷更換。假如要拍這段時期的電影或電視劇，負責時代考據的人一定會對此頭痛不已。

不過，有一個東西一直保持不變，那就是чекист（KGB職員）的象徵顏色。那是一種鮮豔的深藍色，在俄語中稱為「васильковый（vasil'kovjy）」，為矢車菊藍的意思。

國境警備與入境審查

話說，雖然盡量不想和KGB扯上關係，但想要入境蘇聯的人，不管怎樣都得與他們面對面，因為負責機場入境審查的官員就是KGB的人。其不友善的態度儼然成為蘇聯的特產，即使對待觀光客，他們也會用彷彿在盤問「你來這邊幹嘛？」的銳利眼神不斷打量，仔細地檢查護照。

這些KGB成員隸屬國境警備軍，代表色為綠色。蘇聯全境官兵超過25萬名，除了機場和港口之外，也會駐紮在與外國接壤的邊疆，甚至也會檢查在白令海捕魚的少數民族護照。無論因非法入境或流亡而未經許可擅自越過國境，就會立即遭到拘留。日本經常可見在北方領土周邊海域「非法捕魚」的漁船遭到扣押的相關新聞。

不愧是自稱為「軍」的組織，武裝非常強大。海上部隊甚至擁有專屬護衛艦，其中還包括一艘名為「ИмениXXVII・съездаKPSS（第27屆蘇聯共產黨大會）」、名號響叮噹（？）的戰艦。

這是因為蘇聯的國境警備軍不僅要負責監視國境，還必須在外國軍隊入侵的時候，能夠堅持到

克里姆林宮警備隊的禮裝用制服。一般職員也有制服，但大多都是穿著便服工作。有時候也會穿上與工作無關的軍服，冒用階級和姓名的情況並不罕見。

正規軍抵達戰場。

在第二次世界大戰中，國境警備軍也最先與在布列斯特要塞奮勇抵抗納粹德軍，其壯烈犧牲後被授予蘇聯英雄的稱號，該處也成為歷史遺跡。1969年，中蘇對立加劇繼而發生著名的達曼斯基島（珍寶島）事件，當時與人民解放軍交火的也是國境警備軍。

內務部～另一個治安機構～

擁有如此強大武裝的KGB，如果背叛主人呢？列寧和史達林難道不擔心自己被謀逆嗎？

當然沒那麼簡單——他們都有買保險，那就是「НКВД（內務人民委員部）」。羅馬拼音為NKVD，而組織成員也叫做чекист（KGB職員）。

NKVD成立於1917年，負責監視Чека及其後繼組織。一旦發現可疑人物，就算對方是高級幹部，也會遭到逮捕和處決，可說是完全不講情面的組織。然而，在前面提到的組織變遷混亂中，NKVD也經歷了多次的分離合併，於1946年成為

「МВД（內務部）」，這個詞的羅馬拼音為MVD。1966年雖一度更名為社會秩序維持部，但1968年以後又恢復為內務部。

MVD的代表性職員是稱為милиция（militsiya）的警察官，意思是人民警察，簡稱民警。近年來俄羅斯將這個名稱改為西方風格的「полиция（politsiya）」，讓人感覺沒那麼強硬，真希望能恢復原來的名稱。

另一個組織是國內治安軍，這是一支由機械化部隊組成的真正軍隊。他們負責保護核武器製造廠和研究設施，以及不為人知的祕密都市。此外，當爆發大規模的反政府運動、民族衝突、獨立運動等民警無法應對的活動時，國內治安軍就會出動鎮壓。蘇聯在1970年代之前還有大規模的反共游擊隊活動，當時的國內治安軍就經常派出一個營的部隊來壓制。駐紮在莫斯科附近的國內治安軍稱為捷爾任斯基師團，其最著名的事蹟就是在1991年保守派政變中的動員。

東京的老字號軍用品商店中田商店。這家店過去曾生產過一種名為「79型」的蘇聯軍迷彩服仿製品，當時沒人知道這個迷彩服是仿製哪種軍服，但其實是國境警備軍的專用軍服。真正的軍服可是極其稀有的收藏品。

津久田

速水

KGB只招募有為人才，不接受志願者加入。那麼低階的辦公室職員也是嗎？連清潔工也一視同仁……在治安情報機構中負責清潔工作的人，當然也要經過相當嚴格的背景調查呢！

其3 蘇聯的學校

蘇聯當然也有學校。由於國土廣大，蘇聯比西方各國更致力於教育的普及；另外，女學生的制服就是所謂的女僕裝，這也是一個不容忽視的重點。

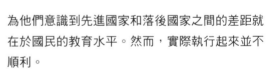

怦然
心動♡

學校的俄語叫做「школа」(shkola)，發音與英語的School很像！值得一提的是，「神槍少女」的俄語標題是「школа убийц (shkola ubiyc)」，也就是「殺手學校」的意思，實在是很驚世駭俗的名稱。正文中提到，帝俄時期的教育相當落後，縱使在革命後的1920年代末期，就學率也不到50%，農村地區的兒童平均只上學2年半。為了改善這個情況，1930年代開始大力推動教育政策。共產黨的青年組織 комсомол 成員，共動員了數萬人擔任教師，這是社會主義國家特有的強硬作風。到了布里茲涅夫時期，蘇聯已經成為擁有世界頂尖教育制度的國家，實在非常了不起。

蘇聯的學校是從9月開始新的學年，5到6月是畢業季。日本的畢業季是以櫻花為象徵，我很好奇俄羅斯的象徵是什麼，於是查看各式各樣的照片，結果發現居然是噴泉…？畢竟那時候是初夏嘛。

俄羅斯的女孩子雖然以可愛聞名，但實際看到本尊的時候，殺傷力真的不是蓋的！就連沒有蘿莉屬性的我也驚為天人，加上大部分女孩都很親切…

櫻花背景的畢業和入學照看起來可能充滿異國情調吧—

呀一呀一♪

★ 從興建學校開始的蘇聯教育

蘇聯是一個非常熱衷於兒童教育的國家，這和兩個主要原因有關，那就是革命與戰爭。在帝俄時期，一般百姓的教育水平非常低落。

在蘇聯1897年第一次人口普查的資料中顯示出，蘇聯男性有7成、女性則有9成為不識字的文盲，其中以農民或低薪勞工身分佔多數，正如「農奴」這個詞所象徵的那樣，這些「文盲」的人實際上是奴隸。

為了打破這種情況，蘇聯共產黨挺身而出。因

為他們意識到先進國家和落後國家之間的差距就在於國民的教育水平。然而，實際執行起來並不順利。

當時蘇聯大多數的農村家長認為「身為平民百姓，沒有追求高等教育的必要」，再加上農村務農人手不足等現實因素，因此送孩子去上學的意願不高。另一方面，過去帝俄時代的富裕家庭、知識分子和神職人員的後代在蘇聯時代遭到歧視，導致其接受教育的機會與發展相較原本帝俄時代受限。

除非實施現代化和整合國民意識，否則蘇聯將

■蘇聯和俄羅斯的學校文化，最具代表性的就是這種服裝，我也經常在網路上看到「為什麼會穿女僕裝……！？」這樣的評論。與其說是女僕裝，應該稱之為圍裙禮服比較適當，《愛麗絲夢遊仙境》中的愛麗絲裝扮就跟這個一模一樣。在俄羅斯看到帝俄時期的女校照片，也能看到這種服裝，這大概是一種傳統吧。至於所謂的制服就有點不太一樣，我覺得用「學校正裝」來稱呼比較恰當。制服沒有統一的設計，學生平時是穿著便服上學。

■對於想了解蘇聯學校生活的人，我推薦一本名為《ВЕЧЕР САМОДЕЯТЕ(維恰的學校生活)》的兒童小說。雖然現在日本只有二手書，但很容易買到。故事背景是在史達林時代！啊，雖然是史達林時代，但政治宣傳的感覺並不強烈（只有一小部分很明顯），以前還曾收錄在日本的國語課本上呢。

■蘇聯的高等教育有個特點，那就是有很多單科大學。例如，布里茲涅夫曾就讀的「第聶伯羅彼得羅夫斯克冶金學院(Dniprodzerzhyns'kyi state technical University)」等。這是因為在工業化的過程中，蘇聯希望能盡快培養出技術人才的緣故。此外，還有電影大學等各種藝術學校，可以從中感受到建立國家的理想。為了讓勞工有機會學習，夜校和函授教育也十分完善。另一方面，大多數的單科大學不是由相當於日本文科省的高等和中等專業教育部門管轄，而是由各個領域的部門分別管理，充分實現了垂直分割，真不愧是蘇聯！當然也有很多綜合大學。作為社會主義的發源地，蘇聯也接收了許多留學生，也有專門培養共產黨員和革命家的大學。

盧蒙巴 (Patrice Lumumba) 可是剛果民主共和國的領導人。

10年級左右的高年級生中也不乏蓄鬚的學生。

其中最著名的是過去被設定成間諜和恐怖分子的養成機構，經常在冒險小說中登場的帕特里斯‧盧蒙巴俄羅斯人民友誼大學。現在這所大學仍然存在，學生大多都是俄羅斯人。

會輸給外國敵對勢力的干涉。這樣的危機意識促使政府於 1930 年推出第一部義務教育法。這是針對 8 歲至 11 歲兒童的四年制小型計畫，但很有蘇聯特色的地方在於，實施這個法律的時候訂有「所有地區要在 3 天內組織教育委員會」這樣的條款。

當時正值史達林恐怖統治時期，實在不敢想像那些未能完成任務的地區負責人有何下場。

實際上，蘇聯初期的教育現場長期面臨嚴重的師資和教材短缺問題，隨後爆發的第二次世界大戰又導致混亂更為加劇。教師被徵召入伍，學童則被動員到工廠幫忙製造武器和彈藥。即便戰爭結束後，蘇聯的領導層也長期由軍閥掌權，直到 1980 年代戈巴契夫上台，才出現正式從大學畢業的最高領導人。

這樣的蘇聯教育制度，在經歷多次曲折後，才逐漸趨於完善。

首先，所有教育都免費，學生可以自由選擇課堂上使用的外語，少數民族也能使用母語教科書學習。兒童從 7 歲生日的那年 9 月開始入學，學制分為 3 種——只有 3 年初等教育的小學、初等教育再加上 5 年中等教育的 8 年制學校，以及 10

пионер 的徽章。列寧頭像的下方寫著「隨時做好準備」的口號。儘管與西方的童子軍標語一樣，但童軍活動在蘇聯是被禁止的。

年制的中等學校。由於蘇聯的義務教育為8年，因此10年制學校的最後2年是後期中等教育。

之所以分為3種教育課程，原因在於偏鄉地區無法興建大型學校。在小村莊興辦小學只需要一間教室即可，但接受到8年為止的義務中等教育卻窒礙難行，所以在西伯利亞等偏遠地區甚至有些學生是搭學校直升機上學而非校車，當然接送也是免費的。蘇聯教育龐大的預算背後也包括這類理由。

實際上，大部分的學生都會選擇10年制。以日本來說，就好比小中高的一條龍教育，從小學到高中都在同一個校舍學習。順帶一提，政治教育會分別在8年制學校和10年制學校的最後一學年實施。

制服則是統一的棕色連身裙搭配上白色圍裙，女學生大多會將長髮在後腦勺紮成一團並套上五彩繽紛的球形髮套，至於小學的女生穿戴耳環也絕非稀奇之事——她們正是擁有天使面容的大量破壞兵器！而即使升到更高的年級，制服仍是穿著同一套樣式，因此在畢業典禮上往往會出現「有如濃妝豔抹的女大學生穿著兒童服裝」一字排開的奇特景象；相比之下，男學生的制服看起來僅僅就是一般工作服，只是長褲配上襯衫和夾克的套裝，相較之下不免顯得有點俗氣。

資優生限定的菁英教育

教學內容和日本沒有太大差異，卻非常重視勞動學習，高年級的學生會實際體驗生產現場的勞動作業。在化學、物理、生物等課程中，學生會實際參觀工廠和農場，瞭解如何將理論運用到生產現場，這麼做的用意也是為了將勞動與學習結合在一起。

另外，蘇聯還有一個重要的教育場所，那就是前面介紹共產黨時提到的 пионер。這個類似童軍、名為「共產主義少年團」的組織，是以滿10歲至15歲的兒童為對象。他們會參加集會和社會服務等活動，其中集訓活動最讓大家期待。雖說是集訓，但地點都位於風景優美的自然環境中，並在設有小屋和集會場所的專用設施度過一個月以上的集體生活。集訓非常重視自主性，主要目的是培養友誼、忍耐、紀律和合作等特質。此外，社會主義制度特有的菁英教育也不容忽視，雖然教育機會和授課內容表面上對所有的孩子都一視同仁，但實際上只要稍微有才能的孩子，就會接受徹底的菁英教育。尤其重視物理、數學等自然科學和外語等領域，體育和藝術方面也設有專門學校。

順帶一提，蘇聯也有補習班。有些學生會在課業之餘「排練」芭蕾舞或音樂等方面的才藝，或是擔任大學入學考試的家教。

蘇聯的大學以高水準著稱，就學可以暫緩徵兵。夜間課程與函授教育也很完善，也有不少社會人士在工作的同時取得學位；值得一提的是，學生結婚的情況普遍，女性在大學期間生產的情況並不罕見；女學生自己專心寫畢業論文，把孩子丟給保姆照顧也很稀鬆平常。

年輕人經過上述教育後成為社會人士。而除了黨組織和軍人兩條路，又有哪些職業受到歡迎呢？透過對中等學校的學生進行問卷調查得知，設計師、媒體相關工作非常搶手。看來，無論東西方似乎都嚮往光鮮亮麗的職場。

理科學生當然首推核能相關領域。核武器和核

陸軍莫斯科幼年音樂學校的學生們。相當於日本的高中，畢業後會被分配到軍樂隊。不光是演奏水平，他們也具備出色的表演能力，也會像維也納少年合唱團一樣舉辦公演。

電廠與國家安全及能源問題有著密不可分的關係，能進入研究機構工作的人都是人生勝利組！儘管與外界隔絕，但在物資不致匱乏的祕密都市也可以因此過著優雅的生活；就算擠不進核子窄門，只要「頭腦、紙和鉛筆」就能夠進行研究理論的物理學和數學也吸引到不少才華洋溢的人才；蘇聯在上述領域的基礎研究水平，也確實受到許多國家的高度評價。

大規模的軍事教育

話說，蘇聯的學校中也有讓人聯想到戰前日本的教育課程，那就是軍事訓練。現役軍人會派駐到所有學校，為徵兵前進行預備性訓練。

校園的角落會打造一處小規模的真實壕溝，男生在那裡訓練投擲手榴彈、學習操作槍械，集訓期間也會體驗實彈射擊；女學生則會學習後勤支援的基本知識與急救訓練的實習。

支撐這些活動的組織是「ДОСААФ（全蘇陸海空軍志願協會）」，俗稱「DOSAAF」。這個組織擁有超過35萬個分部，並經營機場、遊艇港口和各種體育設施。

在DOSAAF不僅可以享受跑車和越野摩托車的樂趣，也能學習駕駛滑翔機和噴射機；此外還有開放業餘無線電、遙控模型、登山、水肺潛水等一般市民無法接觸到的嗜好。除此之外，也出版了大量汽車維修、電氣工程、無線技術等針對愛好者的雜誌，就有如國營出版社一樣。

這些活動全都透過某種形式連結到軍事技術，期望幫軍隊培養出精通各種專業領域的人才。西方國家的年輕人操作汽車和電腦就有如家常便飯，但有些蘇聯的年輕人是在入伍後才第一次摸到汽車的方向盤。DOSAAF就是透過社團活動的形式支援軍隊彌補這些差距。

此外，DOSAAF的營運並非倚靠軍事預算，其資金來自於蘇聯各地發行彩券的部分收益、企業捐款以及地方政府的補助。

原本就以龐大軍事預算聞名世界的蘇聯，真實軍事能力實際卻還遠遠超過這些已知的數字。

蘇聯的電影和電視劇中有一種名為「пионер」的類型。這是關於少年少女的奇幻冒險影集，內容相當輕鬆休閒。明明是社會主義國家，居然也會出現魔法之類的東西，真讓人驚訝（偏見）。

津久田

速水

圍裙禮服的起源可以追溯到帝俄時代，在歐洲也很常見，卻為何在俄羅斯有著特殊意義並一直流傳下來呢？還有綁在頭上的蓬鬆蝴蝶結也是一大亮點。

其4 可以稱為民族嗎？

在大眾的印象中，蘇聯人等於俄羅斯人，但事實上它是一個由100多個民族組成的超多民族國家。大多數的俄羅斯人與其他民族之間也存在著各種衝突。

★СЛИШКОМ ПОЗДНО, ЭТО СССР！

波羅的海三小國

民族其實是一種非常複雜的概念，這裡以簡單暴力的方式來解釋。

黑海

這一帶稱為高加索。

裏海

UNION OF SOVIET SOCIALIST REPUBLICS

貝加爾湖

猶太自治州在這一帶。

蘇聯15個加盟共和國的民族構成大致如下，當然每個國家還有各種不同民族，這裡只是籠統的介紹。

突厥就是所謂的土耳其。突厥裔民族是從貝加爾湖周圍往西邊分布的民族，現在的土耳其共和國是位於最西邊的一支。據說只要學會土耳其語，在整個中亞地區大概都能與人溝通。

1.俄羅斯（斯拉夫裔）
2.烏克蘭（斯拉夫裔）
3.白俄羅斯（別洛露西亞）（斯拉夫裔）
4.立陶宛（波羅的海裔）
5.拉脫維亞（波羅的海裔）
6.愛沙尼亞（波羅的海・芬蘭裔）
7.摩爾達維亞（羅馬尼亞裔）
8.喬治亞（喬治亞裔）
9.亞塞拜然（突厥裔）
10.亞美尼亞（亞美尼亞裔）
11.哈薩克（突厥裔）
12.烏茲別克（突厥裔）
13.土庫曼（突厥裔）
14.吉爾吉斯（突厥裔）
15.塔吉克（伊朗裔）

斯拉夫裔的形象

高加索五官深邃

突厥裔長相和我們比較接近

MOCKBA'80

這3位只是大概形象，實際上還有各種不同的外貌。突厥裔的人也是一樣，愈往西邊，五官愈深邃。

不光只有俄羅斯人！

在好萊塢電影中，蘇聯可說是經典的反派角色，壞人的名字通常叫做伊凡，不然就是稱為俄國佬。可是這樣有點奇怪，因為俄羅斯人並非蘇聯唯一的居民，所以本書會盡可能地使用「蘇聯公民」這種稱呼。

最近偶爾也會遇到「蘇聯俄羅斯」這種說法，本書也會刻意避免使用這個詞彙。當然，俄羅斯人在國土面積、人口比例、語言、文化背景和政治影響力等方面的確占了蘇聯的多數，但蘇聯是由15個加盟共和國以及20個自治共和國組成，是一個多民族的國家。其中還包含自治州和自治區等，民族數量高達100多個，簡直就是寶可夢的世界！這樣可以稱為民族嗎？（不能說）

這些民族擁有各自的語言和文化，生活在祖先傳承下來的故土之上，然而隨著蘇聯的成立，他們一下子全都變成了蘇聯的公民。新憲法保障所有民族的平等權利，這就是「民族自決」，意思是各個民族有權決定自己的事務。可不要誤以為「自決」是集體輕生喔！

相當於蘇聯國會的「最高會議」，與日本一樣

亞美尼亞的民族服裝。

亞美尼亞是世界上最古老的基督教國家。實際上族群活躍於世界各地。順帶一提，喬治亞也同樣信奉基督教，亞塞拜然則是信奉伊斯蘭教。

■蘇聯將俄羅斯帝國稱為「各民族的監獄」，不僅要在平等對待100多個民族的理想和遏制脫離蘇聯的民族主義的現實之間苦苦掙扎，各民族也因此飽受折磨，這對我們來說可能難以理解。

■雖然俄羅斯人一直是統治的民族，但也有一種「為什麼我們非得為了中亞而努力工作」的意識，所以主觀態度十分複雜。蘇聯解體後，俄羅斯人在波羅的海三小國和中亞變成少數族裔，也曾過著艱辛的生活。

■此外，15個加盟共和國中還包括各個民族的自治共和國或自治州（至今依然存在），而至於在俄羅斯遠東與中國邊境接壤的地區就有一個猶太自治州。

■俄羅斯和烏克蘭在傳統上對猶太人有相當嚴重的歧視，因此不少猶太人在提倡平等的蘇聯看到了理想；然而荒謬的是，不少猶太人實際上都在史達林時代遭到半官方的迫害。

■這個理想和現實之間的矛盾，成為蘇聯的民族問題，不對，是檢視蘇聯本質的關鍵字之一。即使是理想，也不單只是做做表面功夫，共產黨幹部得認真地從社會主義的角度來思考，少數民族試圖透過訴諸理想來改變現實……實際情況是這樣。

■話題變得有點嚴肅，所以讓我們聊些輕鬆一點的話題吧！韓國泡菜遍布於中亞各地，這是因為朝鮮民族在史達林時代被迫從遠東集體遷移的影響……話題怎麼又變得嚴肅起來了！

■說到二次元的俄羅斯或蘇聯少女時，大多都會聯想到俄羅斯人的名字，感覺有點無趣。如果出現尤莉亞·金或伊莉娜·穆罕默多夫這類不同民族的名字不是更有意思嗎！

■即便是現在的俄羅斯人，也可以從名字來判斷是不是俄羅斯民族。以俄羅斯的足球選手馬拉特·伊茲邁洛夫（Marat Izmailov）為例，馬拉特與土耳其的「穆拉托（Mulatto）」系出同源，伊茲邁洛夫則源自韃靼人的伊斯梅爾（Ismail）。名字中蘊藏著歷史！

必須連這樣的老兄都歸類為「蘇聯人」，實在有夠麻煩的…

實行兩院制，由「聯邦蘇維埃」和「民族蘇維埃」（※譯註：蘇維埃（Советы）在俄語中為代表大會之意）組成。聯邦蘇維埃的人民代議員（相當於國會議員），是從居民人數相等的選區選舉產生，避免不同選區出現票數上的差異。考慮到人口比例，這些席次中理所當然超過半數是俄羅斯人。

另一方面，民族蘇維埃的代表是從15個聯邦加盟共和國選出32名，各個自治共和國選出11名，各個自治州選出5名，各個自治區選出1名。由於這些選區也可能有俄羅斯裔的候選人參

選，因此也不能說是完全公平；儘管如此，少數民族仍有一定程度的機會可以參與中央政界。

話說回來，蘇聯每年其實也只會召開兩次最高會議，而會議的會期也很短暫，並不會為了某些議案而爭執不下。為填補這段「國會的空窗期」，蘇聯設立了常設機構「蘇聯最高會議主席團」，這個主席團的主席就是政府的最高領導人。順帶一提，總書記是共產黨的最高領導人，唯有同時兼任這兩個職位，才能自稱是蘇聯的真正最高權力者。

雖然有點離題，但占了壓倒性多數的俄羅斯人

位於莫斯科的「民族噴泉」。代表15個共和國、身穿各自民族服飾的婦女雕像圍繞在噴泉周圍，個個全身都鍍上金箔，顯得非常華麗。

與其他民族之間的關係，從蘇聯成立之初就一直是極其敏感的問題。對俄羅斯人來說，他們認為是自己完成革命，從零開始建立蘇聯這個國家，解放其他民族；戰爭中也是犧牲最多的俄羅斯人捍衛了自己的祖國，因而對此引以為傲。

1922年首批計畫加入蘇聯的國家有烏克蘭、白俄羅斯和外高加索，但此時列寧和史達林之間正彼此針鋒相對。史達林認為這3個國家應該作為從屬的自治共和國加入，而非與俄羅斯平起平坐的共和國。然而，外高加索共和國是由亞美尼亞、亞塞拜然和喬治亞組成，當時這些國家本來就被視為自治州。

另一方面，列寧認為以俄羅斯為頂點的金字塔體制，與帝國主義國家沒什麼兩樣，無法向仍在世界各地進行鬥爭的革命勢力做出展示。

最終，史達林不得不屈服於列寧的威望之下，只能選擇妥協。

不過在列寧去世之後，掌握實權的史達林逐步鞏固了具有大俄羅斯主義色彩的中央集權體制。1944年，史達林將國歌從原本的《國際歌》改為新的國歌，並在歌詞中加入「偉大的羅斯奠定了蘇聯的基礎」等具民族意識的語句；羅斯（Русь）是斯拉夫人的舊稱，說穿了就是俄羅斯人。考慮到史達林本人是喬治亞人，總覺得有點諷刺，但我們只能想像其他民族聽到這首歌的時候心裡是怎麼想的。

同一時期，蘇聯以擔心車臣民族可能會幫助納粹等理由，強制將他們遷移到西伯利亞。儘管蘇聯聲稱會保護民族的權利，卻讓民族像搬家一樣頻繁遷徙。

話雖如此，如果一味地鎮壓，國內局勢只會變得愈來愈不穩定，因此蘇聯當局在尊重民族文化的同時，也試圖提升蘇聯公民的統一意識，這可說是一項非常艱鉅的任務。舉例來說，結婚儀式上往往會出現濃厚的民族色彩，蘇聯為此打造出極力排除宗教色彩和民族色彩的「結婚宮殿」。

這個宮殿通常位於政府機關內，是相當豪華的大廳，同時也是辦理結婚登記的窗口。其特別有趣的一點是，結婚申請不會立刻受理，為了測試未婚夫妻對經營婚姻的決心，會先給予新人2個月的緩衝期。乍看之下，好像是官員怠惰行政，但如此「拖拖拉拉」的原因似乎是因為蘇聯的離婚率很高，所以才讓未婚夫妻先冷靜2個月，仔細考慮一下是否真的要就此互許終身。說起來，感覺日本採用這個制度好像也不錯。

結婚時通常由當地的議員或共產黨幹部擔任證婚人，在結婚進行曲的伴奏下交換戒指，從此成為夫妻。

不同民族結婚生下的孩子，一般會認為是「混血兒」，但蘇聯會將這種觀念替換成「蘇聯人」或「蘇聯公民」。問題在於，「蘇聯公民」一詞更接近俄羅斯人，用更狹義一點的說法，就是「在日常對話中使用俄語的人」。鑑於俄語是官方語言，俄羅斯元素不可避免地會滲透到作為蘇聯公民的自我意識當中。

舉例來說，「俄羅斯和烏克蘭的混血兒」這種概念並不常見，以日本人為例，這就像是東京人和大阪人的混血兒一樣。烏克蘭目前所面臨的克里米亞爭議，之所以無法單純歸結為俄羅斯政府的單方面介入，也許可以追溯到蘇聯公民這種人為創造的民族意識，才導致許多烏克蘭人陷入左右為難的窘境。

■蘇聯民族列表

俄羅斯	北方各民族（細分如下）	卡爾梅克	捷克
烏克蘭	・涅涅茨	吉卜賽（羅姆族）	斯洛伐克
白俄羅斯	・鄂溫克	卡拉恰伊	阿拉伯
哈薩克	・漢特	科米・彼爾米亞克	維吾爾
烏茲別克	・鄂溫	卡累利阿	波斯
吉爾吉斯	・楚科奇	阿迪格	越南
土庫曼	・赫哲	拉克	喀爾喀・蒙古
塔吉克	・科里亞克	波蘭	塞爾維亞
亞塞拜然	・曼西	塔巴薩蘭	古巴
喬治亞	・多爾干	希臘	中亞・猶太
亞美尼亞	・尼夫赫	哈卡斯	喬治亞・猶太
摩爾達維亞	・謝爾庫普	巴爾卡爾	烏金
立陶宛	・烏爾奇	諾蓋	阿富汗
拉脫維亞	・伊捷爾緬	阿爾泰	卡拉伊姆
愛沙尼亞	・烏德蓋	切爾克斯	東干
楚瓦什	・薩姆	芬蘭	印度・巴基斯坦各民族
韃靼	・愛斯基摩（因努伊特）	阿巴扎	克羅埃西亞
摩爾多瓦	・壯	保加利亞	伊喬拉
巴什基爾	・恩加納桑	克里米亞・韃靼	克里米亞・猶太
車臣	・尤卡吉爾	魯圖爾	貝盧吉
烏德穆爾特	・凱特	塔蒂	阿爾巴尼亞
馬利	・奧羅奇	阿古爾	塔爾伊西
阿瓦爾	・托法	索爾	利維
猶太	・阿留申	威普斯	中國
布里亞特	・涅吉達爾	高加索猶太	朝鮮
奧塞提亞	・埃涅茨	加告茲	日本
卡巴爾達	・鄂羅克	土耳其	美國
雅庫特		亞述	英國
達爾金		阿布哈茲	法國
科米		札庫爾	德國
庫梅克		卡拉卡爾帕克	義大利
列茲金		羅馬尼亞	荷蘭
印古什		匈牙利	奧地利
		庫德	西班牙

※ 1990年的調查／以擁有蘇聯公民權的人為對象／順序不分先後

俄羅斯的婚禮上經常會聽到「горька（gor'ka，很苦的意思）」這個詞彙，意思是「太苦了，快來點甜蜜的味道」，以此催促新郎和新娘親吻。古老的習俗不會那麼容易消失，想必這對其他民族也是一樣。

津久田

速水

日本的虛構作品中愈來愈常出現蘇聯或俄羅斯的角色。感覺如今已經取代了90年代中國角色的位置，這是一件好事。希望未來能在各種作品中看到更多俄羅斯民族以外的俄羅斯角色登場。

其5 恐怖的「流放西伯利亞」

蘇聯在史達林時代曾建造大量的集中營，大批反革命分子被遣送到那裡，發生慘絕人寰的大屠殺，其中尤以金礦山的情況最為慘烈。

лагерь（lager）在俄語中是露營的意思，集中營是以「集中營總局」的縮寫ГУЛАГ（GULAG）來表示。

Лагерь

索羅維斯基
修道院

蘇聯時代的集中營叫做 лагерь（lager）。儘管帝俄時期就有流放到西伯利亞的刑罰，但與史達林時代相比，可以說簡直就跟放牛吃草沒什麼兩樣。初期的集中營以位於白海的索洛韋茨基群島最廣為人知，那裡有一座建於15世紀、堅如城堡的修道院，但在俄國革命後僅僅4年的1921年就被改為集中營使用。此後，在史達林時代，集中營如雨後春筍般於蘇聯全境興建，出現很適合用「集中營群島」來形容的現象。集中營遍布於西伯利亞、遠東和中亞等地，遭到關押的人包括政治犯、（被視為）反體制派的人士、普通罪犯、德國及日本等國的戰俘。關押人數在史達林時代後期的1950年代達到高峰，據說人數高達數百萬甚至1千萬人。在嚴酷勞動、惡劣飲食和衛生條件不佳的情況下，有許多人客死異鄉。

有些西伯利亞的集中營甚至沒有圍牆或鐵絲網…因為即便逃跑也無處可去。

Ш854

史達林與集中營

蘇聯是世界上面積最大的國家，但大部分都是無法利用的永凍土。不，正因為如此，這個國家才找到這些土地的最佳用途。

那就是作為集中營（或稱為勞改營）使用。從1930年代開始，某天突然被一口咬定為反革命的無辜之人，就會不由分說地被送進集中營，堪稱是蘇聯史上最黑暗的時期。戰時和戰後也有數十萬名的德國和日本戰俘被送進集中營，日本稱這些人為西伯利亞滯留者。

這些集中營通常叫做「лагерь」，但這個俄語其實也有「露營」的意思。如果分別用俄語「лагерь」及其日語「ラーゲリ」在網路上搜尋圖片，你一定會對搜尋結果出現如此大的差異感到十分訝異；除此之外，集中營還有另一個名字叫做「Гулаг（GULAG）」。在俄語中，Гулаг原本指的並不是設施，而是集中營管理總局這個部門的縮寫，但這個詞在俄羅斯似乎常用於貶義的事物上。

集中營的關押對象包括一般刑事犯、政治犯、戰俘等，囚犯受到的待遇完全沒有差別，但勞動

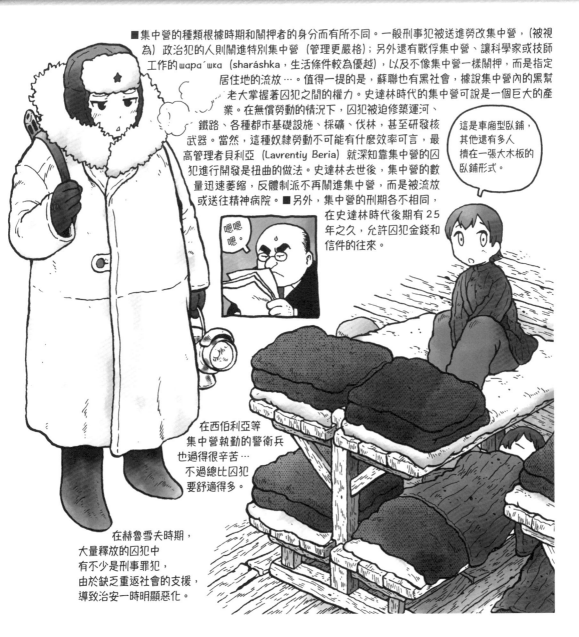

■集中營的種類根據時期和關押者的身分而有所不同。一般刑事犯被送進勞改集中營，（被視為）政治犯的人則關進特別集中營（管理更嚴格）；另外還有戰俘集中營、讓科學家或技師工作的шара́шка（sharáshka，生活條件較為優越），以及不像集中營一樣關押，而是指定居住地的流放…。值得一提的是，蘇聯也有黑社會，據說集中營內的黑幫老大掌握著囚犯之間的權力。史達林時代的集中營可說是一個巨大的產業。在無償勞動的情況下，囚犯被迫修築運河、鐵路、各種都市基礎設施、採礦、伐林，甚至研發核武器。當然，這種奴隸勞動不可能有什麼效率可言，最高管理者貝利亞（Lavrentiy Beria）就深知靠集中營的囚犯進行開發是扭曲的做法。史達林去世後，集中營的數量迅速萎縮，反體制派不再關進集中營，而是被流放或送往精神病院。■另外，集中營的刑期各不相同，在史達林時代後期有25年之久，允許囚犯金錢和信件的往來。

這是車廂型臥鋪，其他還有多人擠在一張大木板的臥鋪形式。

嗯嗯嗯。

在西伯利亞等集中營執勤的警衛兵也過得很辛苦…不過總比囚犯要舒適得多。

在赫魯雪夫時期，大量釋放的囚犯中有不少是刑事罪犯，由於缺乏重返社會的支援，導致治安一時明顯惡化。

的內容對於囚犯的命運影響甚鉅。從事農耕和飼養牲畜是相對輕鬆的勞動，其次是砍伐木材、修築鐵軌和道路等，愈來愈缺乏人道，其中採金礦可謂最嚴苛的勞動。

自帝俄時期開始，人們就預測東西伯利亞蘊藏著豐富的天然資源。那裡有座哥薩克人於17世紀開拓、名為雅庫次克（Yakutsk）的城市，不僅是貂皮等高級毛皮的貿易中心，也以盛產黃金和鑽石而名聞遐邇。

蘇聯成立後，雅庫次克成為雅庫特自治共和國的首都。雅庫特地區有個浪漫的傳說，大意是

「神明環遊地球的時候，在西伯利亞的嚴寒中凍僵了手，導致手上的寶石袋掉了出來」，而這個傳說已然化作現實。

年輕的地質學家尤里・比利賓（Yuri Bilibin），於1928年率領20人的調查隊深入西伯利亞腹地。一行人沿著流入東西伯利亞海的科力馬河逆流而上，在上游有了驚人的發現。

那裡出現一條寬100至150公里、長700公里的巨大黃金礦脈，此外還有銀、銅、鑽石、石油和天然氣等資源沉睡在極寒的大地之下。

比利賓由於這項成就，於1946年獲得史達林

★ Слишком поздно, ЭТО СССР!

符拉迪沃斯托克車站，為西伯利亞鐵路的起訖點。在蘇聯大陸遭俘的日本人曾經懷抱著從這裡搭船回國的希望，實際上卻在途中被流放西伯利亞。

獎，並因此成為了蘇聯科學院的正式院士，但他當時完全沒想過自己的發現竟會導致後世可怕的強制勞動。

收到黃金礦脈報告的史達林立即下令在那裡修建幹線道路。

這條道路穿越科力馬河源頭所在的山區，一路往南抵達面向鄂霍次克海的海岸。受到海流的影響，即使在嚴冬也只有零下30度，在地形上幾乎是唯一可以建造港口的地方。

馬加丹市就在這裡建立。

隨即成立的「遠東建設總局（Дальстрой，Dalstroy）」一手包辦了地區開發事業，開始建造通往雅庫次克、全長1,500公里的道路，這就是令人聞之色變的「科力馬公路」。

這條公路在蘇聯時期的正式名稱為「M56號高速公路」，現在稱為「R504號高速公路」，但這條路的俗稱「дорога на костях（屍骨之路）」更為著名。如字面上的意思，有不計其數的人在修建道路的過程中喪生，據說這些人的遺體是隨意埋在路邊，連個像樣的葬禮都沒有。

對於被送往集中營的人來說，馬加丹是名副其實的地獄之門。這些人搭船前往馬加丹，乘坐西伯利亞鐵路列車前往雅庫次克。有些人從那裡被送到科力馬公路的建設現場，有些人則通過分支道路前往金礦山。

不出比利賓所料，那裡的黃金產量超乎想像，後來成為蘇聯財富的源泉，而產量的確切數字屬於國家機密。直到冷戰時期，全球黃金的流通量是扣除蘇聯境內的儲量來計算，因為一旦蘇聯無預警拋售黃金，全球的黃金價格就會瞬間暴跌。

是因為有金礦才將無辜的人送到那裡工作，抑或只是剛好有人手才安排他們前去開採金礦，這些問題只有詢問史達林本人才能得到答案。不管怎樣，西伯利亞和金礦開採是非常嚴酷的組合，如果挖出的是溫泉，情況或許就有所不同。

囚犯在武裝的警衛兵監視下，只能使用鏟子和鐵鎬於零下50度的戶外開採金礦。先用炸藥炸開永凍土的表面，再以人力露天開採，每天工作12小時，每人一天的產量目標為5公克黃金。

達成目標就能拿到全部的麵包兌換券，沒有達成目標就會減少兌換券的數量。名義上雖然被判處「有期徒刑〇〇年」，但根本很難有人能在這樣的惡劣環境下活到服刑期滿，有許多人都在途中因為凍傷、痢疾或壞血病而喪命。

在西伯利亞，蔬菜對一般百姓來說可說是奢侈品，更不可能進到囚犯的嘴裡，當然也吃不到任何有營養價值的食物，他們頂多只能喝用樹皮熬的湯。

話說，過去也有許多日本人被流放西伯利亞。不用說，這些人當然也被當作勞動力壓榨，但還有其他的目的，那就是「洗腦」。蘇聯當局希望滯留者回國之後能夠成為親蘇分子。

被迫過著三餐不繼的生活，卻還要這些人愛上蘇聯，這些話聽起來似乎很自以為是，但各種邪教和黑心企業早就印證了身處極限環境中的人更容易受到控制。

洗腦的手法五花八門，據說有一種奇怪的方法是拿出紅色蘋果的圖片給對方看，讓他說出「蘋果是藍色的」。雖然聽起來很荒謬，卻是西伯利亞滯留者親口所言。這位滯留者當時只能一臉傻笑地附和：「這是藍色沒錯。」但之後有些人開始陸續出現怪異的言行。

收容所
群島1

АРХИПЕЛАГ
ГУЛАГ

索忍尼辛（Aleksandr Solzhenitsyn）的代表作《古拉格群島》（※ 譯註：收容所 ГУЛАГ 的發音為古拉格）。故事的背景為1917年，類似的場景在蘇聯反覆上演，直到1950年代才停止。

忠貞的共產黨員、軍人乃至治安機構人員，有時也會被貼上反革命的標籤，而被發配至西伯利亞；與此同時又積極地對與共產主義毫無淵源的日本人和德國人灌輸革命思想，不禁讓人感到極其矛盾。

被送往集中營的人數至今仍不得而知，一般認為應該在1,000萬到1,500萬人之間，雖然只是大略的數字，但誤差範圍高達500萬人這件事本身就很異常。有一說認為有些受害者是在審訊拷問或運送途中死亡，沒有留下任何文件，所以無從查證。

值得一提的是，開發馬加丹有功的遠東建設總局首任總裁愛德華・貝爾津（Eduard Berzin），與其他高級幹部一起在1938年被剝奪黨籍，不過，其實貝爾津本人已在前一年遭到處決，早就不在人世。

如此恐怖的時代一直持續到史達林去世，直到赫魯雪夫開始公開批判史達林之後，集中營才真正開始大規模縮減，改善待遇，讓無辜的人獲得平反。

如今集中營幾乎已經消失無蹤，這是因為大部分的集中營都建在黃金礦脈上。1950年代之後，隨著推土機的性能提升，集中營的遺址陸續遭到剷平，彷彿什麼事都沒發生過一樣繼續開採黃金。

僅僅批評蘇聯體制就被定罪的時代，沒那麼容易結束。蘇聯首位成功研發氫彈、被譽為社會主義勞動英雄的安德烈・沙卡洛夫（Andrei Sakharov）博士，在蘇聯社會倡導思想自由，以人權運動家的身分獲得諾貝爾和平獎，後因抗議蘇聯入侵阿富汗而被褫奪所有榮譽，並流放到高爾基市（現在的下諾夫哥羅德），從此過著軟禁的生活。

以強烈批判蘇聯體制而著名的歌手維索茨基（Vladimir Vysotsky）雖然沒有被送去集中營，卻創作了一首充滿挑釁意味的歌曲，歌名叫做《我要去馬加丹》，馬加丹似乎已然成為一種反抗的象徵。

我之前曾經去過符拉迪沃斯托克，當時是和西伯利亞滯留慰靈團的人住在同一家飯店，這些人還特地大老遠從日本帶來牌位。不知那個牌位如今是否還立在西伯利亞的某個地方。

津久田

速水

雖然提到西伯利亞會讓人聯想到鄂霍次克海沿岸，但對蘇聯和俄羅斯而言，其實那裡屬於「遠東」地區，西伯利亞稍微更偏內陸一些。冷知識分享給大家。

蘇聯的基礎知識

其6 政府機關和官僚

蘇聯可謂由政府機關和官僚所組成的國家，畢竟所有企業都是國營，管理階層全是官僚。政府機關中充斥著大量冗餘業務，導致國家逐漸走向崩潰。

■我們常聽到「大政府」、「小政府」這些名詞，蘇聯堪稱是最大規模的大政府。即便不是所謂的國家機關，國營企業、工會和各種職業協會（例如作家協會）也可以稱為政府機關。■蘇聯的國家機構是以與日本等國家完全不同的概念設計，因此很難單純地拿來比較。行政、立法、司法的三權分立概念從一開始就被否定，他們並非否定民主主義，應該說是試圖追求有別於自由主義國家體系的民主主義。■你可能會覺得蘇聯實施民主主義不是很奇怪嗎？確實，蘇聯的議會（Советы）選舉因為選區只有一位候選人，看起來像是做做樣子，但政府卻在這些選舉上傾盡心力，為了方便選民投票而用盡各種手段。與其說這是一種超越儀式的熱情，不如說理想就在那裡，儘管現實往往與理想不符…。

■從列出的部門列表可以看出，蘇聯部會的特點是組織龐大的縱向管理。
像是「重工業企業建設部」、「有色金屬冶煉部」這些部會的名字就令人訝異。順帶一提，現在全球最大的天然氣公司Газпром（俄羅斯天然氣工業股份公司）的前身就是蘇聯天然氣工業部。此外，名稱不代表實際負責項目，例如中型機械製作部就負責開發核能，火箭研發則由一般機械製作部負責。

看起來不太討喜的蘇聯官員形象。

機構圖

共產黨政治局 → 中央委員會 → 黨大會 → 各共和國州市·地區委員會

最高法院・幹部會議 → 閣員會議 → 各部會

蘇聯最高蘇維埃（民族會議：聯邦會議）

共和國蘇維埃 ← 非常粗略的蘇聯國家機構圖（1936年～1989年）

地方蘇維埃

蘇聯國民｜黨員

官僚主義 ～規則和指標的王國～

蘇聯是個官僚國家。據說，在布里茲涅夫政權末期的1987年，官僚人數曾一度高達1,800萬人，直接占了全蘇聯勞動人口的15%。且因為蘇聯是國營企業的王國，其產業多為國家經營，聽說各產業中也有200萬人屬於黨或國家機關的職員。而西方國家則將相當於管理階層的上班族也視為官僚的一種，增加人數更有1,200萬人跑不掉。

話說，官僚的工作是透過管理，讓行政服務、基礎設施和生產部門能夠有效率地達成目標。管理部門雖然不產生任何價值，但對整個社會的正常運作來說不可或缺。

然而，蘇聯卻投入龐大的稅金來維持管理部門，有資料顯示投入的金額甚至占了國民所得的14%。

其原因可追溯到革命時期。蘇聯成立之初，由於國民的教育水平偏低，因此具有專業知識且能夠勝任實務工作的官僚對國家可說是非常珍貴的存在，這樣對「高度專業性」的重視，因此引發了無法預料的後果。

■各級代表大會選出的主席和執行委員並非讓體制看似完善的裝飾品，這些人可是每天都為了服務民眾而忙得不可開交。■再說，蘇聯當局也對公民社會的自發性寄予厚望（畢竟是社會主義嘛！），所以存在著不依賴警察的守望相助隊，以及處理職場和地區輕罪的同志法庭等組織。這是國家的控制無孔不入呢？還是政府組織意外地鬆散？就看你怎麼想了…。
■還有還有，這些國家機構、議會和社會活動，不用說都受到共產黨的嚴格指導和監督，最終權力仍掌握在共產黨的手中。話雖如此，像外務部和共產黨國際部這類職能重疊的組織，好像大多都不清楚其中的決策過程。
不過層級愈高，就愈能看出兩者有哪些部分重疊就是了…。
■考慮到理想和現實之間的差距、縱向管理的組織、類似組織的並立等，讓人不得不對如此錯綜複雜的系統竟能順利運作感到驚訝。但其實不管是哪種體制，如何讓低效率的機構發揮功能，都在在考驗著國家領導人的智慧；我敢肯定外國一定也覺得日本的機構運作相當複雜。

十分氣派的蘇聯外務部大樓。

這座大樓是在史達林時代建造，1953年完工。俄羅斯外務部至今仍在裡面辦公。

蘇聯原本比較傾向重視單一領域的專家，而非全能型的通才。因此，一旦確定擔任的工作類型，幾乎不太可能再調動到其他工作領域。而正是這種制度使得蘇聯的眾官僚在其特定的領域都擁有非常豐富的經驗。

在人脈上也是如此，即使需要協調或交涉某些問題，面對的窗口也幾乎都是同一個人，只需與長久打交道的人商量即可解決問題。

這代表各種權力將逐漸集中在極少數人的身上。不久，官僚開始將系統細分，使各項作業極度專業化，組織不斷拆分開來。

每拆分一次，監督部門便隨之增加，官僚人數必然不斷膨脹。為了統整這些增加的官僚，又設立負責聯絡各單位的部門，這部分又反覆細分和專業化。

肥大化的組織開始僵化，變得只能處理一成不變的傳統工作。如此一來，新的技術創新便無從引進，也失去應對意外狀況的能力，

於是又設立新的部門來解決新的問題。後來雖然也曾討論過減少和合理化官僚人數的問題，但就算進行重組，官僚們也只是從遭到裁撤的部門調動到這些新的部門而已。

負責五年計畫的 Госплан（國家計畫委員會）總部大樓。雄偉的建築與寬闊的馬路形成鮮明對比，是蘇聯時期莫斯科特有的景象。

中間管理階層的悲哀

那麼，蘇聯的官僚具體都在做些什麼呢？官僚可分為「規則適用型」和「任務完成型」。

規則適用型常見於西方國家。在日本和美國，企業會自主進行目標設定和實際生產活動，以促進經濟成長和社會發展，所以官僚比較重視企業是否遵守法規。

反觀蘇聯，制定經濟成長和生產活動的目標是官僚的工作。官僚的頂尖菁英是名為「аппаратчик（apparatchik）」的高級黨員，據說全蘇聯約只有1,000人。

問題在於，這些人制定的計畫往往非常不切實際，除非能夠大幅提高生產效率或出現突破性的技術革新，否則經濟是不可能持續成長下去的。然而，аппаратчик要求每年的績效都必須比前一年還高，導致計畫一年比一年更不切實際，形成惡性循環。

更糟糕的是，他們只負責制定計畫，無須對結果負責，那些全是「任務完成型」官僚的工作。搞不好蘇聯才稱得上是最黑心的企業。

「任務完成型」官僚的首要任務就是將紙上談兵的計畫帶到現實當中，說穿了就是搶奪資源。如果可以分配到符合目標的資源就沒有問題，但那樣的東西打從一開始就不存在。

因此，實際能獲得多少資源就成了勝負的關鍵。據說能分配的資源頂多只有計畫的60％，由此可知аппаратчик制定的計畫有多麼地荒唐。

一般來說，國防產業等方面具有優先權，但實際上是由有門路的官僚說了算。另外，「任務完成型」官僚也會透過彼此暗中交易、從黑市調配資源、帳目造假等方式來達成目標。

儘管工作壓力大到難以想像，但對於在共產黨和官僚機構謀求出人頭地的人來說是必經之路，也是爬上аппаратчик的重要職位。

不顧利益的政府機關工作

此外，蘇聯的政府機關從不視資金為問題。舉例來說，假設負責統籌出版委員會的аппаратчик下達「每月15日以10元的價格發行1,000萬本雜誌」的命令。

「任務完成型」官僚接到指令後，便著手準備紙張、墨水和其他必要資源，由「Технократия（Texnokratiq，技術官僚）」負責控制作家、插畫師、編輯等勞動者。

這時，完成аппаратчик所指示的目標乃是首要之務，如果沒有明確收到「必須從中獲利」的直接指示，就算事後製作成本高達500元也無所謂，不覺痛癢。

雖然每賣出一本就虧損490元，但一點問題也沒有，反正資金不足的話，只要向國立銀行的負責人索取支票就行了。

無須任何申請資格審查或討論事後的還款計畫，負責人只需要在筆記本上記錄貸款日期和貸款金額。而後，等過了一段時間，筆記本內頁填滿之後……負責人就會以「筆記本已經寫不下了」為理由，便直接把筆記本扔掉。令人難以置信對吧？ 如果這麼做持續超過半個世紀，沒有哪個國家不會破產。

下頁是蘇聯的各部會列表。光是看一眼就快瘋了；即便如此，也已經是經過改革大幅裁撤的狀態，甚至裁員規模也已經高達600萬人之多。

■蘇聯政府機構列表（截至1989年）

【政府】
蘇聯閣員會議主席（總理）
第一副主席（第一副總理）主管總務
第一副主席（第一副總理）國家計畫委員會（Госплан，Gosplan）主席
第一副主席（第一副總理）國家糧食與採購委員會主席
副主席（副總理）國家對外經濟委員會主席
副主席（副總理）國家經濟改革委員會主席
副主席（副總理）國家軍事產業委員會主席
副主席（副總理）社會發展局主席
副主席（副總理）化學與林業綜合委員會主席
副主席（副總理）國家緊急事態委員會主席
副主席（副總理）國家科學技術委員會主席
副主席（副總理）國家材料與技術供應委員會主席
副主席（副總理）燃料與能源綜合局主席
副主席（副總理）機械工業局主席
祕書長

【聯邦及共和國部會（部長）】
內務部
保健部
外務部
文化部
林業部
裝配與特殊建設事業部
通信部
商業部
財務部
電力與電氣化部
法務部
※蘇聯及各共和國都設有相同的部會。

【全聯邦國家委員會（主席）】
科學技術委員會
品質控制與規格委員會
電腦科技與資訊科學委員會
水文氣象委員會

【聯邦各部會（部長）】
飛機工業部
汽車及農業機械工業部
核電產業部
對外經濟關係部
水利建設部
地質部
民航部
醫療品工業部
金屬工業部（鋼鐵部與有色金屬工業部合併）
海運部
石油天然氣產業部
防衛工業部
國防部
一般機械工業部
鐵道部
無線工業部
漁業部
工具機械與工具工業部
石油天然氣產業企業建設部
造船工業部
運輸建設部
重機械工業部
煤炭產業部
化學與煉油工業部
電子工業部
電氣儀器工業部

【聯邦及共和黨國家委員會（主席）】
國家計畫委員會（Госплан，Gosplan）
材料與技術供應委員會（Госснаб，Gossnab）
國家建設委員會（Госстрой，Gosstroy）
勞動與社會問題委員會
價格委員會
統計委員會
國民教育委員會
電視廣播委員會
電影委員會
出版委員會
森林委員會
自然保護委員會
體育運動委員會
工業與核電安全運作監視委員會
國家安全委員會（KGB）
※蘇聯及各共和國都設有相同的國家委員會。

【其他】
國立銀行（Госбанк，Gosbank）理事長

工作減少，官僚卻不減反增，這種情況不只發生在蘇聯。英國也出現這樣的現象，在殖民地紛紛獨立的浪潮下，相關部會的官員人數卻愈來愈多。

津久田

蘇聯不僅政府，共產黨也是龐大的組織，大量黨的官僚在那裡工作。蘇聯解體後，這些黨的官僚是如何生存的呢？有些能幹的人會利用人脈在政商界一路往上爬。

速水

西方國家深惡痛絕的蘇聯也有朋友，不對，或許說是部下或奴隸比較恰當。本節將會介紹受到蘇聯擺布的東方國家。

儘管對外國人抱持警戒態度，卻接納大量的留學生，蘇聯這個國家還真是處處矛盾。當年日本也有不少人前往留學。

■如馬克思提倡的「全世界的無產者團結起來吧」，奉列寧主義為理想的蘇聯特別重視國際性，因為蘇聯認為共產主義才是人類的普世價值，起初也很認真地以世界革命為目標；然而情況並非想像中順利，所謂的同盟國也僅有蒙古。孤立狀態一直持續到二戰後進入冷戰時期，確立超級大國地位後，同盟國和友好國才開始增加。

不是社會主義卻很重要的鄰國芬蘭。

鐵幕與東歐國家。

雖為社會主義卻獨立自主的南斯拉夫。

相當珍惜的南方同盟國古巴。

神祕的熟客利比亞。

到1970年代初期保持友好的埃及。

1980年代往東方靠攏的尼加拉瓜。

以社會主義為目標的非洲各國。

蒙席刻亞

安哥拉

坦尚尼亞

莫三比克

■蘇聯社會雖然封閉，莫斯科卻是一個例外。那裡非常國際化，居住著許多外國人。甚至至今仍保留著社會主義時期的痕跡，不僅有越南人社區，也聚集了東歐、前蘇聯各國等歐亞大陸各國的文化⋯這種文化水乳交融的感覺令人深深著迷！

西班牙內戰期間支持共和國政府也是重點工作。

東歐的同盟國

在蘇聯成立之前，共產主義思想就已經受到西歐國家的敵視。這些國家之所以會如此警戒，是因為共產主義具有「世界革命」這樣的理念。社會主義國家的成立不僅僅是一個國家的問題，還會傳播到周邊國家，甚至擴散到全世界。

然而，不知是福是禍，現實總是不從人願。第一次世界大戰以德國戰敗告終，皇帝遭到廢黜，取而代之的是中左派的威瑪共和國。隨著歐洲其他國家的革命紛紛失敗，蘇聯共產黨才放棄了世界革命論。

歐洲的社會主義國家是在二戰結束後誕生。人們從納粹手中解放出來的喜悅只維持了很短暫的時間，希特勒死後，迎來對史達林忠心耿耿的部下，而且這些人還將祕密警察、物資短缺與言論控制這3樣東西全部帶了過來。

致力於東德建國的烏布利希（Walter Ulbricht）為德國共產黨的領袖，他曾在1937至1945年間流亡蘇聯。德國共產黨在戰前就與納粹長期抗爭，納粹以突擊隊著稱，但德國共產黨也有名為紅色陣線（RFB）的準軍事組織。他們是對史達

■中華人民共和國成立時，美國震驚於半個歐亞大陸都變成共產主義集團，然而因為中蘇過往淵源和對美政策差異，關係日趨惡化，1970年代甚至爆發邊境衝突。此外，蘇聯領導層對在沒有蘇聯支援下自行發動革命的古巴抱持近乎狂熱的情感，據說這成為古巴危機的導火線之一。

■蘇聯對友好國家的援助雖然包括大規模的經濟合作和建設工程，但最大的特點是不計盈虧。蘇聯以低於國際市場價格出售天然資源，與東歐的貿易實際上是以物易物。此外，軍事援助方面不是提供性能低下、出口專用的猴型（monkey model）武器，就是堅持照價出售，導致受援的國家感到不滿。
■冷戰時期蘇聯向世界各地派遣的大量軍事顧問團規模絕非今日俄羅斯可比，不愧是超級大國。■另外，即使是受到蘇聯強烈影響的同盟國，也未必跟隨蘇聯路線。例如北韓、羅馬尼亞就有自己的路線，就連社會主義的優等生東德也有自己的想法（建造柏林圍牆是東德，而非蘇聯），這部分有著各自的盤算。

■莫斯科有一所接收大量留學生的帕特里斯‧盧蒙巴俄羅斯人民友誼大學，有人說它是冷戰的恐怖分子培訓學校…帕特里斯‧盧蒙巴是剛果的首任總理，也是非洲獨立運動的領袖。這所大學至今依然存在，只是學生已經變成以俄羅斯人為主。

林效忠的史達林主義者，口中高喊著「莫斯科萬歲（Heil Moskau）！」這類令人頭痛的口號。

控制匈牙利的拉科西（Mátyás Rákosi）曾在1940至1945年間流亡蘇聯，後來隨著蘇聯軍隊返回祖國。不久，他當選匈牙利共產黨的總書記，成為史達林的得意門生。

捷克斯洛伐克是由捷克和斯洛伐克兩國組成的國家，其領袖哥特瓦爾德（Klement Gottwald）於1938年流亡蘇聯。戰後他與流亡倫敦的捷克斯洛伐克政府聯手重建國家，依照慣例展開了大清洗，就此建立獨裁體制。

保加利亞的最高領導人季米特洛夫（Georgi Dimitrov）於1923年試圖發動武裝起義，卻以失敗告終，此後在海外度過22年的流亡生活。他在這段期間獲得蘇聯公民身分，1945年返國，於4年後病逝。經過一番權力鬥爭，日夫科夫（Todor Zhivkov）終於在1954年掌握權力，開啟長達35年的執政。

阿爾巴尼亞的最高領導人霍查（Enver Hoxha），於第二次世界大戰期間從事反抗運動。他在戰後成為阿爾巴尼亞共產黨的領袖，但這個人似乎對史達林的忠誠心異常堅定，他對蘇

華沙公約組織的政治宣傳海報。華沙公約聯合部隊在平時維持57個師,其中有24個師是駐紮在東歐的蘇聯軍隊。一旦發生緊急情況,10天內即可動員25個師,2個月可動員60個師。

聯在史達林去世後開始大肆批判表示不滿,選擇與蘇聯斷交,這導致阿爾巴尼亞此後幾乎陷入鎖國狀態。

可憐的波蘭原本是國土被納粹和蘇聯撕裂的國家。波蘭流亡政府雖於二戰期間設在倫敦,但在蘇聯軍隊占領波蘭全境後,史達林便在當地扶植傀儡政權。總書記哥穆爾卡(Władysław Gomułka)曾在1930年代於莫斯科的列寧大學接受史達林主義教育,戰時從事游擊隊活動,然而波蘭人對蘇聯的厭惡根深蒂固,在東方國家中是特別難以掌控的國家。

羅馬尼亞在第二次世界大戰期間是納粹的同盟國,這也導致蘇聯對其態度一開始抱持冷淡。戰後,羅馬尼亞人民共和國成立,首任領導人康斯坦丁・巴洪(Constantin Ion Parhon)是一名醫學博士。他年輕時雖受到卡爾・馬克思的著作啟發,卻未曾參與過任何激進活動,1952年甚至以「希望回歸研究工作」為由而退出政界。

說到羅馬尼亞,就不得不提到西奧塞古(Nicolae Ceauşescu)這個人。這位戰後最惡名昭彰的獨裁者,據說直到最後都未能得到蘇聯當局的信任,最終他遭到槍決的過程都在電視上播出,下場非常悽慘。

南斯拉夫是民族和宗教混雜交錯的多元國家,整合這個國家的狄托(Josip Broz Tito)展現出二戰期間游擊隊領袖的風範,對史達林毫不畏懼,他以自主管理社會主義和不結盟運動為中心,堅持走自己的路線。狄托的個人魅力獲得全世界的認可,其葬禮甚至被譽為「史上最隆重的國葬」,全世界只有狄托一人受到美國副總統與蘇聯總書記並肩送行靈柩的禮遇。

★ 華沙公約組織

當美國與西歐各國於1949年共同建立「北大西洋公約組織(NATO)」時,蘇聯也被迫建立類似的軍事同盟而於1955年建立「華沙公約組織(WPO)」,其成員國包括蘇聯、東德、匈牙利、捷克斯洛伐克、保加利亞、阿爾巴尼亞、波蘭、羅馬尼亞,正式名稱為「蘇聯及東歐八國友好互助協定」。順帶一提,南斯拉夫並未加入。

之所以會選在華沙簽署這項協定,是因為加入和批准之類的文件是由波蘭負責保管,但這不代表在其中扮演主導角色的是波蘭;很明顯,這個同盟純粹是為了蘇聯的利益而建立的,大概是認為用「莫斯科公約組織」這個名稱反而過於明目張膽的緣故吧。

華沙公約組織的最高機關叫做「政治諮詢委員會」,下設由各加盟國國防部長組成的「國防部長委員會」。雖號稱是各國輪流主辦的國際會議,但實際上只是輪流招待宗主國蘇聯的代表團、徒具形式的會議罷了。

國防部長委員會的工作就是任命「華沙公約聯軍總司令」。想當然,歷屆總司令皆為蘇聯將領,隸屬的參謀總部也設在莫斯科。

各國擁有獨立於本國防衛的「聯軍部隊」,如果與西方國家爆發全面戰爭,這些部隊就會與駐紮在東歐的蘇聯軍隊合流,組成「華沙公約聯軍」,就像是8個機器人合體變成更大的機器人一樣。為了確保能夠順利合體,還設有用來統一和規範各國武器裝備的「武器技術委員會」。

然而,在蘇聯和中國開始對立後,採取親中立場的阿爾巴尼亞退出(1968年),原本的8個機

蘇聯國防部位於莫斯科最繁華的阿巴特大街上，日本在檜町時代的防衛廳也毗鄰東京的六本木，想不到日蘇兩國都有著國防中樞與繁華街道相鄰的奇妙共通點。

器人剩下 7 個。

就算沒有發生這件事，東歐國家的民眾仍始終對蘇聯共產主義抱持反感，並以匈牙利革命、布拉格之春、波蘭團結工聯等形式體現出來；另一方面，蘇聯民眾也常以「對同盟國的支援」作為物資短缺的藉口，也有不少人咒罵「都是東歐害我們沒辦法吃肉」。

華沙公約組織就在這樣的情況下於 1991 年解散消滅，東歐各國紛紛走向民主化，蘇聯也搖搖欲墜，軍事同盟不復存在。

其實華沙公約一開始就有包含「失效」條款。第 11 條規定，華沙條約將在所有歐洲國家加盟的「歐洲集體安全保障體制」確立之日失效，這意味著全歐洲都夢想著有朝一日被赤化，由此可以一窺世界革命的痕跡。

亞洲、中東、非洲、中南美洲

放眼東歐以外，沒有什麼比中華人民共和國的成立更重要的了。中蘇之間後來發生對立，史達林似乎早就預料到毛澤東將會成為一個危險的競爭對手。

越戰之後，越南與蘇聯之間的關係日趨緊密，甚至在金蘭灣建設蘇聯海軍基地，這具有極其重要的意義。

為了對抗在世界各地都有基地且擁有強大航母艦隊的美國，蘇聯也在非洲東海岸尋找建立基地的地點，而索馬利亞的巴爾巴拉（Balbala）就成為蘇聯艦隊在印度洋的重要據點。

在北非和中東地區，蘇聯與埃及、利比亞、伊拉克和敘利亞等國加強合作。由於利害關係一致，因而一同對抗與美國關係密切的以色列。

不過，古巴可說是蘇聯最重要的同盟國，再怎麼說，古巴可是位在美國旁邊的社會主義國家。蘇聯原本試圖利用這個地理優勢，在古巴興建飛彈基地，卻因此引發古巴危機，讓世界離核戰只有一步之遙。危機最終以蘇聯放棄興建基地作收，古巴至今仍是少數堅持社會主義的國家之一。

有人問我怎麼做冷戰時期蘇聯特種部隊的 cosplay。我推薦穿上匈牙利製的西裝，並提著波蘭製的手提箱，而裡頭裝著西德軍的軍服，再準備一張以色列的偽造護照就維妙維肖了。

津久田

速水

蘇聯的革命紀念日在 11 月，這時東京已能充分感受到冬天的氣息。古巴、越南和安哥拉等許多南方同盟國的軍人政要都會應邀出席，這些人原本用不到的冬季外套，不知是否經過特別設計。

西方眼中的蘇聯

共產主義者並非唯一哀悼蘇聯解體的人，西方的娛樂圈人士也對此大感失落。

第一個將蘇聯描述成敵方角色的作品已無從稽考，最早可以追溯到1951年美國出版的推理小說邁克·漢默（Mike Hammer）系列的第4部作品，名為《寂寞之夜的事件（One Lonely Night）》。

這個系列原本就是以色情和暴力為賣點，由於作者米奇·斯派雷恩（Mickey Spillane）極度厭惡共產主義，使得作品中登場的共產主義者都是集「卑鄙、殘忍、好色」於一身的卑劣反派角色。這些人會綁架女孩，將她們全身扒個精光，綁起來吊在半空中……聽起來跟一般的色情書刊內容沒什麼兩樣。

1953年，伊恩·佛萊明（Ian Fleming）的詹姆斯·龐德系列問世。第一部作品《皇家夜總會》早在1954年就被拍成美國電視劇。

電影方面，1957年的《密戰計畫（Jet Pilot）》可說是最古老的一部。故事以阿拉斯加的空軍基地為背景，主角約翰·韋恩（John Wayne）與其說厭惡共產主義，不如說是崇尚愛國主義，這應該是他唯一一次穿上蘇聯軍服的作品。

談到飛機，就不得不提克雷格·托馬斯（Craig Thomas）1977年出版的《火狐（Firefox）》。其改編電影由小柯林頓·伊斯威特（Clinton Eastwood Jr.）主演。而片中的著名台詞「用俄語思考」並未出現在原著小說中。

我猜作者實際上可能從未去過蘇聯，但看得出他對莫斯科的地圖進行過一番研究，煞費苦心地寫出身臨其境的文章。

可惜他並不清楚莫斯科的道路有多寬，如果實際走過，就會發現比小說中描述的還要費時。

當然，這種小地方無損作品的價值，如果有機會造訪莫斯科，帶著這本小說沿著主角米歇爾·甘特（Mitchell Gant）走過的路線實地勘查，倒也不失為一番樂趣。

1984年，湯姆·克蘭西（Tom Clancy）的

1951年，發表於紅色恐慌時期的《寂寞之夜的事件》（米奇·斯派雷恩著，早川書房），是最早將共產主義者描述成反派角色的作品之一。

電影《獵殺紅色十月》於冷戰結束宣言後的1990年上映，由史恩·康納萊（Sean Connery）主演，票房十分叫座。

《獵殺紅色十月（The Hunt for Red October）》暢銷全球。這部作品不僅被改編成電影，據說也改變了東西方冷戰題材作品的格局。

原著中對蘇聯的納爾莫諾夫（Narmonov）總書記的描述頗為令人玩味。撰寫小說時正值安德洛波夫政權時期，作者是將這個角色描述成「與精明的外表相反，其實內心跟歷屆蘇聯獨裁者沒有兩樣」，但在1988年出版的續集《克里姆林宮的樞機主教（Cardinal of the Kremlin）》中，納爾莫諾夫卻成了「真心想改革蘇聯的人」。

戈巴契夫的形象或許也影響了湯姆·克蘭西。

順帶一提，我最喜歡的電影是約翰·米利厄斯（John Milius）於1984年執導的電影《赤色黎明（Red Dawn）》。這個人也是以討厭共產主義著稱，但片中蘇聯軍人的裝扮十分考究，兼具強悍、勇猛和帥氣。我認為這一點非常重要。

因為感受不出製作人真心的敵人，肯定會讓觀眾哈欠連連。

第 2 章

從革命到獨裁

蘇聯各地都貼著這位大叔的照片，也立有他的銅像，可以說大受歡迎，簡直就像一種宗教。這個人究竟有何貢獻呢？

列寧的各種面向

列寧的生日是1870年4月10日。17歲的時候差不多長像這樣，當時既非革命家，也沒有禿頭，但看起來很固執。

情婦伊涅薩・阿曼德
(Inessa Armand)
是美人胚子！

她也是革命家。

25歲變成這副模樣，這時已是革命家，而且頭也禿了！當時綽號是一「老頭子」這也難怪。還有，他的鬍子是紅色的。

眾所周知，列寧在1917年的俄國革命中掌握大權，時年47歲。

他雖然聰明又努力，但個性好勇鬥狠，不擔任集團領袖便誓不罷休，為達目的可以不擇手段…實在是個很難相處的大叔；但因其個人魅力追隨者眾，是個很有意思的人物。對了，雖然這像伙禿頭又霸道、卻很受女性歡迎；不但有情婦，人生中也一直受到姐妹和母親的幫助，簡直跟後宮番的主角沒什麼兩樣！

妻子 娜傑日達・克魯普斯卡婭
(Nadezhda Krupskaya)。

她也是革命家！

呵呵呵～

不知是不妥協還是現實，擁有充滿矛盾的魅力

■革命期間的列寧。由於遭到警察追捕，因此剃掉鬍子，戴上假髮。蓄鬍模樣的歷史繪畫是假的。

神似菅原文太
（※譯註：已故日本藝人。）

★СЛИШКОМ ПОЗДНО, ЭТО СССР!

建立蘇聯的男人

蘇聯各地都能看到一個留著鬍鬚的禿頭大叔，他的銅像、海報、畫像、徽章、郵票等各種角色商品應有盡有，這位大叔就是蘇聯國父弗拉迪米爾・伊里奇・列寧（1870～1924）。

在蘇聯，大家通常會以「總書記」或「總理」等頭銜來稱呼領導人，但列寧更常被稱為「偉大的革命家」或「建國之父」等別名。事實上，他擔任的官職是「臨時政府人民委員會主席」，但不常看到「列寧主席」這樣的稱謂。

1870年，列寧出生在距莫斯科東邊約900公里的城市辛比爾斯克，本名是烏里揚諾夫（Ulyanov），列寧為假名。

其父伊里亞（Ilya）擁有數學和物理學位，是一所國民學校的校長；在俄羅斯帝國的官制中，這相當於四等官，是允許世襲的下級貴族，這是他這一代所取得的地位。列寧家為4男4女的大家庭（對當時來說並不稀奇），列寧排行老二。由於家境相對富裕，因此留下不少列寧的照片，最早的一張是在他4歲時拍攝，後來還成為蘇聯幼稚園的官方形象角色。

弗拉迪米爾‧伊里奇‧列寧
(Vladimir Ilyich Lenin)

■列寧思想用簡單的說法概括如下：
○資本主義會受到金融的壟斷獨占，
　為了爭奪市場而引發帝國主義戰爭。
○要實現共產主義，必須建立不受
　任何拘束的無產階級獨裁。
○需要由職業革命家領導
　無產階級的先鋒黨（少數菁英！）。
○最終實現世界革命，國家解體。
■列寧雖然建立了革命政府和
治安機構，但他認為只是權宜之計，
將來終有解散的一天。
■列寧及其同志了不起在於，
都是政治和軍事的門外漢
（所有人都是理論家），
卻能夠熬過革命和內戰，
成功地建立蘇聯，只不過
傷亡慘重就是了…。
與其他國家的領袖不同，
不像毛澤東或卡斯楚
在發起革命前就有帶領軍隊
作戰的經驗。
■列寧在生前並不想被神化，希
望人以普通的方式下葬就好，
但後來的發展如各位所見。儘
管列寧格勒已恢復舊名聖彼得
堡，但州名仍保留列寧格勒的名字；而
其故鄉辛比爾斯克（Simbirsk）為表紀
念，也用他的本姓命名為烏里揚諾夫斯
克（Ulyanovsk）。

■關於俄羅斯的命名規則，「Vladimir」是姓氏，
「Ilyich」是父親之名，代表其父叫伊里亞（Ilya）。
如果是女性，中間名會變成伊里娜（Ilyichevna）
或伊里諾娃（Ilyichovna）。
姓氏也會依性別變化，
如果列寧是女性，就會叫做列寧諾娃（Leninova）。
因為有嚴謹的規則，所以當我在小說等作品中
看到隨便命名的俄羅斯角色名時總覺得很彆扭。
不懂的話就不要亂命名啦！
■與理論家給人的宅男印象不同，
據說列寧其實很喜歡運動，尤其
對打獵、釣魚、騎單車相當熱衷…。
■53年的生涯中有長達17年流亡海外（而且輾
轉多國），還有3年的時間流放到西伯利亞。

西伯利亞有個巨大的列寧頭像，
位於烏蘭烏德，造型很有男子氣概！

唐突的
女性革命家
形象。

列寧銅像非常適合鄉下小鎮喔。

初代的木製
列寧墓
1924～
1930

據說是以
金字塔等
建築
作為
參考

■列寧像並未隨蘇聯解體
而拆除，依然保持原狀。
並非出於意識形態，可能只
是覺得麻煩罷了。

　蘇聯的著作和傳記都把列寧塑造成天生的革命
家或天才理論家，但其實年輕時的他對政治或社
會問題都不感興趣，只是一名沉迷於閱讀屠格涅
夫（Ivan Turgenev）等人作品的文學青年。

　反倒是他的哥哥亞歷山大（Aleksandr
Ulyanov）和姐姐安娜（Anna Ulyanova）對社會
主義比較熱衷，或許在他們的眼中，列寧是那種
「對周遭事物漠不關心的人」。

　然而，正是他們兩個人改變了列寧的一生。
1887年，列寧以第1名的成績從8年制學校畢業
並榮獲金牌，當時第1名的學生可以免試進入全

國僅有9所的帝國大學；然而家人敬愛的父親已
在前一年撒手人寰，更悲慘的是，哥哥亞歷山大
因為參與刺殺沙皇亞歷山大三世未遂而遭到逮捕
處決，姐姐也因同樣的罪名被流放。

　兄姐參與的組織叫做「民粹派（народники，
發音為narodniki）」。

　民粹派是在農奴制廢除後，於俄羅斯各地蜂起
的改革運動。這些革命分子試圖打破農民從奴隸
狀態解放後仍受到資本家剝削的現狀。

　如果這樣下去，俄羅斯有可能從封建國家變成
資本主義國家，使得他們產生強烈的危機感；換

紀念列寧誕辰100周年的紀念勳章，於1969年11月5日制定。獲獎者高達1100萬人，其中包括優秀勞工、農場人員、科學家、藝術家和軍人。

言之，民粹派是「跳脫資本主義過程，直接過渡到社會主義」的運動推手，這與認為「資本主義成熟後會逐漸發展為社會主義」的資本論南轅北轍。資本論是德國人卡爾‧馬克思所提出的經濟理論，民粹派每當遇到馬克思主義者的時候，不是互相辱罵，就是經常大打出手。

蘇聯的聖經「馬克思列寧主義」

列寧將馬克思主義本土化，制定出適用於俄羅斯的「馬克思列寧主義」，後來成為蘇聯共產黨的行動準則。這就像是鐵軌一樣，只要遵循馬克思列寧主義的框架行事，就會受到讚賞，一旦偏離就會遭到批判。

學生的大學作業和畢業論文中，也必須巧妙地引用列寧的話。確切來說，蘇聯人從小就被灌輸如何引用列寧的話才會受到讚揚，並在這樣的環境下長大。

話說回來，進入大學的列寧已經是學校的風雲人物；哥哥亞歷山大是學生們眼中的英雄人物，身為弟弟的列寧也不可避免地備受關注。事實上，這個時期的列寧是抱持何種想法，幾乎沒有留下有關這方面的資料，只知道兄長之死帶給列寧很大的打擊。據說列寧四處尋找認識哥哥的人，積極地打聽哥哥的思想、理想以及法庭上的言行舉止等消息。

不過，成為大學生的列寧首先要考慮的卻是畢業和就職。眼前父親與哥哥姐姐都不在人世了，列寧不得不獨自擔起照顧年邁的母親與年幼的弟弟妹妹的責任。

不幸的是，列寧因為是亞歷山大的弟弟這個理由而遭到退學。無所事事的列寧埋首於閱讀上，

但他讀的不再是文學，而是專注於馬克思等社會主義相關的著作上，喜歡文學、對政治漠不關心的青年，在這個瞬間踏上革命家的道路。正式開始投入革命活動的列寧，從此逐步累積危險分子的資歷。

1895年遭到逮捕，1897年流放西伯利亞，1900年流亡瑞士；1898年與克魯普斯卡婭女士結婚，後於1901年首次使用列寧這個假名。

列寧陷入慌亂！

列寧在瑞士的流亡生活長達17年，1917年的二月革命促使他決定返回俄羅斯。

當時，在彼得格勒要求改善糧食分配的示威群眾遭到警方開槍，對此，駐守城內的部分士兵發動叛變，並加入抗議民眾的行列；此外也有許多士兵紛紛脫逃。市內的重要設施一一遭到占領，皇帝尼古拉二世退位，臨時政府成立。

然而，這場革命中並沒有領袖，包括列寧在內的領袖此時都在國外，而掌握主導權的是和布爾什維克不合的孟什維克，照這樣下去，列寧就會被排除在外。

列寧千方百計試圖返回俄羅斯，然而當時正值第一次世界大戰期間，俄羅斯與英國和法國結盟以對抗德國；倘若列寧此時返國，俄羅斯將更加陷入動盪，無暇顧及戰爭，搞不好還會造成同盟關係破裂，英國和法國根本不可能協助列寧返國。正當苦無對策之際，一雙意想不到的救命之手伸向列寧。

敵國德國向列寧伸出援手。對德國人而言，列寧是能夠讓俄羅斯陷入混亂的難得人才。一旦俄羅斯退出戰爭，德國就能把東部戰線的兵力悉數

列寧墓的入口。雖然是神聖的地方，但不時可以看到工作人員頻繁進出，或者本應挺直不動的衛兵與指揮官交談的景象。

調往西部，於是雙方達成協議。列寧被送往俄羅斯，以此作為條件交換遭到俄羅斯俘虜的德軍戰俘。這輛在抵達俄羅斯之前禁止所有乘客上下車的列車，被稱為「密封列車」。

起初，列寧很擔心自己一抵達彼得格勒，將會旋即遭到孟什維克臨時政府的逮捕。但讓列寧意想不到的是，才剛下車便立刻受到工人、士兵和市民的熱烈歡迎。意識到了政治風向已經轉到自己身上的列寧，馬上發動起著名的十月革命，並驅逐孟什維克，成功地重返故土並將二月革命的成果據為己有。

列寧的第一步是與德國達成和平協議。在革命剛剛落幕、國內局勢仍不穩定的狀態下，不應該繼續戰爭。不過在隔年1918年，列寧遭到刺客開槍所傷，儘管勉強保住一命，卻無法安全取出兩顆擊中肩膀和肺部的子彈；從此之後，列寧的身體狀態每況愈下。

然而，時代完全不給列寧歇息的機會。外部有西方國家發動武力干涉，內部有與效忠皇帝的白軍之間爆發的內戰，政權內部的權力鬥爭也日趨激烈。1922年蘇聯終於成立，列寧卻在這時罹患腦中風；列寧雖從病榻上發出各種指示，卻逐漸無法握筆，且因為失去語言能力導致口述筆記也有困難。

列寧於兩年後的1924年逝世，享年54歲。在他去世後，彼得格勒改名為列寧格勒以資紀念。列寧的遺體被永久保存，安置於紅場上的階梯形金字塔「列寧墓」中。

在蘇聯時期，隸屬KGB的克里姆林宮警備隊每小時都會進行衛兵交接儀式，其交接動作有如精密機器一般整齊劃一。列寧的遺體在二次大戰期間雖一度被疏散至烏拉爾（Ural）地區，但列寧墓仍持續進行衛兵交接儀式，以避免疏散這件事情曝光外界。

列寧墓的後面是史達林等蘇聯領導人的墓地，克里姆林宮牆成為一生奉獻給蘇聯和共產主義之人的安息之地。日本共產黨的創始人片山潛也安葬於此。

在蘇聯時期，列寧的現場演說被錄製成唱片，就連CD開始生產時，也是先推出列寧的演說集。如果蘇聯還沒解體的話，搞不好現在可以在iTunes上聽到，但感覺沒人想聽就是了……。

津久田

速水

提到蘇聯就會讓人聯想到列寧銅像，如今各國對銅像的處理方式各不相同。雖然莫斯科只剩下一座，但仍屹立於大多數地方都市的市中心，有些國家則是像烏克蘭一樣全數拆除；即使是區區銅像，仍有其存在意義。

其2 鐵血男兒史達林

長達30年的獨裁統治，屠殺人數甚至超過希特勒，堪稱是鐵血的男兒。本節將介紹史達林如何在黨內鬥爭中脫穎而出、繼而掌握權力的過程。

Иосиф Виссарионович Сталин

約瑟夫・維薩里奧諾維奇・史達林
(Iosif Vissarionovich Stalin)
維薩里奧之子約瑟夫的意思。
Iosif即為
英文的Joseph。

提到史達林，就會聯想到大清洗（通常使用肅清，但以清洗和恐怖活動這兩個詞彙來形容更為貼切）和個人崇拜，尤其個人崇拜更成為毛澤東和北韓的模範。北韓現在做的事，昔日半個地球都在做，由此可見史達林當時的影響力。不過與北韓這種嚴肅的小國相比，領土廣大且管理鬆散的蘇聯有點不一樣就是了。
城市中矗立著史達林的雕像，演說和論文中即使沒有明確提到，也會引用史達林的話，地名也要冠上史達林的名字……
比如史達林格勒（現稱伏爾加格勒）、史達林納巴德（現稱杜尚貝）、史達林諾（現稱頓內次克）、史達林峰、史達林紀念工廠（Zavod Imeni Stalina）云云…！儘管有支持史達林的狂熱分子，但好像也有一些人覺得「實在不想再看到那位鬍子老爹了」而感到苦惱。
但在大眾的印象中，史達林就宛如神的存在。

呵呵呵～

年輕的史達林長相頗為帥氣。我覺得如果把當年為了籌措黨的資金搶劫銀行的故事拍成電影應該很有趣。

除了招牌的小鬍子之外，眉毛和鼻子線條也很有特色。只要掌握這些特徵，應該能描繪出其神韻。各位有沒有興趣畫看看？

被俄羅斯征服的民族之子

無論是好是壞，蘇聯這個國家的形象都與一個人密不可分，他的名字就叫做約瑟夫・維薩里奧諾維奇・史達林（1878～1953）。他代表權力集中、鐵腕統治，堪稱是唯物主義的貴公子。

馬克思曾經預言「名為共產主義的妖怪」將會在歐洲現身徘徊，但在俄國革命中誕生的卻是融合了恐懼、暴力、猜忌的權力四不像。

本名為朱加什維利（Jughashvili），假名史達林有著「鐵血男兒」的意思。

姓名後面帶著「～shvili」是喬治亞族姓氏的特徵。喬治亞曾是俄羅斯的加盟共和國，歐美國家根據俄語名「Грузия」音譯為Georgia。喬治亞雖是歷史相當悠久的國家，但獨立的時間其實不長。

由於喬治亞的土地肥沃，是重要的交通樞紐，因此自古以來就相繼被古希臘、波斯、拜占庭、阿拉伯等帝國統治，也曾遭到土耳其、帖木兒和蒙古入侵。進入19世紀後，喬治亞被捲入俄羅斯帝國和鄂圖曼土耳其帝國的勢力爭奪戰（俄土戰爭），最終淪為俄羅斯的領土。史達林就是在這場戰爭結束的那一年出生。

與 20 世紀上半葉另一位齊名的獨裁者希特勒相比，史達林的性格迥然不同，這個部分頗有意思。希特勒討厭抽菸，還是素食主義者；反觀史達林是個老菸槍，葷素不忌。

希特勒的演說總會打動人心，史達林的演說則略顯枯燥，說話含糊不清。

希特勒具有賭徒性格，史達林則偏好以充分的力量強硬施壓。

順帶一提，同事曾經調侃史達林是個「理論薄弱」的人（當然是在他掌握實權之前說的），但其實他是一位極度愛好閱讀的人，這可能讓有些人感到意外吧？

在別墅等地舉辦的宴會可說是史達林的名產。這些宴會的氛圍有點像體育社團的聚會，共產黨最高幹部都會被灌酒直到酩酊大醉，有時還會被要求表演才藝……有人說這是因為史達林認為一個人在黃湯下肚後會表露出本性的緣故。我想應該找不到膽敢拒絕史達林勸酒的勇士吧…。

■不錯，史達林的性格中最出名的就是疑心病。他的座車是像裝甲車一樣的豪華轎車，別墅戒備森嚴；據說在他腦溢血昏倒的時候，因為臥室的門反鎖而錯失發現時間。此外，傭人一致認為史達林是很好的主人，一個人的性格還真是複雜難懂。

以中世紀俄羅斯騎士所戴的頭盔為原型的帽子。

對金錢不感興趣，性情粗暴，對親人相當冷淡的工作狂。各位有看過這樣的人嗎？

1920 年代的 GPU（後來的 KGB）制服。如果覺得很帥氣的話，那麼你也是同志！

給人一種前衛的男子氣概！

我的酒你敢不喝～？

唭唭唭！

■即便是獨裁者史達林，也從未想過像金日成一樣將領導人的位置傳給兒子，或者重用自己的親戚。

事實上，史達林和家人的關係相當冷淡。第二任妻子自殺身亡，長子雅科夫（Yakov Dzhugashvili）在蘇德戰爭中遭俘，儘管德方提出交換條件，卻被史達林斷然拒絕，致使長子最終死於獄中。次子瓦西里（Vasily Stalin）雖然當上空軍少將，卻因酗酒成性而亡；溺愛的女兒也因為史達林干涉婚事，在父親死後叛逃到美國…。

■被奉為共產主義之神的史達林，死後被安葬在列寧墓中，直到赫魯雪夫下令將他的遺體搬出之前，那裡一直稱為列寧和史達林墓；即使是我這樣的蘇聯迷，也無法理解史達林有多麼地偉大。

史達林的家境貧寒，父親嗜酒如命，母親是虔誠的喬治亞正教徒。史達林原本依照母親的意願進入神學院，希望未來成為一位牧師，卻意外地在那裡接觸到馬克思主義。

史達林很快地受到馬克思主義的影響。儘管成績優異，卻開始做出愈來愈多的脫序行為，最終在即將畢業的時候遭到退學。

成為無神論者的史達林開始投入政治活動，並加入蘇聯共產黨的前身「俄羅斯社會民主黨」。他在喬治亞的首都提比里斯（Tbilisi）組織罷工，領導示威活動。這號頭痛人物馬上就

被政府盯上，據說當時俄羅斯帝國的治安機構「Охрана（Okhrana）」曾延攬史達林成為一名間諜，導致他總是擺脫不掉「曾是皇帝間諜」這個惡名。

雖然如此，史達林的活動並沒有放緩下來，他四處引發衝突和騷亂，最終被捕，並於 1903 年首度遭到流放。

然而，鐵血男兒當然不會老老實實地待在西伯利亞數樹度日。他不知道透過何種手段取得假護照，從西伯利亞脫逃出去。史達林在返回喬治亞之後，才知道俄羅斯社會民主黨在他不在的期間

對德戰爭勝利紀念勳章。史達林面向左方，也就是柏林的方向，代表對西邊虎視眈眈。黑黃相間的緞帶叫做「聖喬治緞帶（ribbon of Saint George）」，至今仍是俄羅斯的愛國主義象徵。

分裂為孟什維克和布爾什維克，本來就擁戴列寧的他，毫不猶豫地選擇布爾什維克派，重新展開活動。

從這時起，史達林走上武鬥派的道路。

為了籌措活動資金，史達林不惜搶劫運鈔車、綁架富人勒索高額贖金、數度敲詐勒索，甚至還偽造起貨幣。坦白說，要不是因為史達林是共產主義者，否則他荒謬的所作所為簡直就跟一般橫行的黑道沒什麼兩樣。正所謂「有錢能使鬼推磨」，史達林向流亡瑞士的列寧資助了大量金額，因而成功贏得了列寧的信任。

從革命到內戰

史達林後來繼續在各地組織示威罷工，但同時也因此多次遭到逮捕和流放；這個現象既反映出布爾什維克內部因為權力鬥爭而缺乏團結，也意味著其內部充斥著大量的間諜。而史達林之所以對間諜的存在非常神經質，原因或許就在於這段時期的經歷導致。

1917年，史達林從最後一次流放中獲釋。這一年，彼得格勒爆發了十月革命，史上第一個蘇維埃政權成立，史達林出任「民族問題人民委員」這項職務，任務是負責將非俄羅斯的民族帶入革命，這對於喬治亞出身的史達林來說是再合適不過的角色。

然而，當時俄羅斯全境都在爆發內戰，別說是異民族，就連俄羅斯人當中也有許多人反對布爾什維克。

史達林被派往窩瓦河（Volga）沿岸的察里津市（後改名史達林格勒，現在的伏爾加格勒），受命確保石油和穀物的供給路線。

史達林在這裡遇到了伏羅希洛夫（Kliment Voroshilov）和布瓊尼（Semyon Budyonny）。史達林的一生中沒有遇到半個足以稱之為朋友的人，但這兩個人卻和他交往甚密；他們後來沒有被肅清，得以安享天年。

與此同時，史達林也遇到了宿敵。這個人就是列夫・托洛斯基（Lev Trotsky），列夫・托洛斯基是僅次於列寧的第二號人物，也是十月革命的核心人物，同時更是身兼布爾什維克武裝勢力「紅軍」的總司令。

兩人是在1907年的倫敦首次相遇，但史達林很快就對托洛斯基產生反感。托洛斯基出身猶太富農家庭，散發出都市人的氣息；而史達林出身貧寒家庭，一直過著艱困的生活，也難怪兩人之間會出現嫌隙。

兩人之間的對立終於在1919年的蘇聯共產黨大會中浮上檯面。托洛斯基主張將紅軍升格為正規軍，放下過去的成見，延攬帝俄時期的職業軍官。

史達林則堅持游擊戰的作戰方式，反對招募舊體制的軍官。

史達林的方案在托洛斯基缺席的情況評定通過，但得知此事的列寧卻發表演說支持托洛斯基的方案，讓覬覦列寧接班人位置的史達林感受到一股強烈的危機感。

蘇聯為何奉總書記為尊呢？

在這次黨大會之前的1918年，發生過一起暗殺列寧未遂事件。由於醫生無法安全地取出嵌入列寧體內的子彈而只得將其留置體內，導致列寧的健康狀況開始明顯惡化。為了減輕負擔，列寧

有莫斯科七姐妹之稱的史達林式高樓。原先計畫興建八棟，但由於史達林在完工之前去世，致使計畫取消。這些大樓沿著環狀道路興建，如果稍不注意，很容易在裡面迷失方向。

決定將文書管理等行政工作轉交由書記局處理，而史達林正是書記局的負責人。

成為總書記的史達林，以「行政單位支持治療體制」為名義，開始公然限制探視列寧的人選，而托洛斯基正是第一個被當成眼中釘的人。

假如列寧去世的話，那麼擁有高知名度又頗得人心的托洛斯基毫無疑問將成為繼任者；尷尬的是，史達林與列寧之間的關係卻在這個緊要關頭進一步惡化。列寧在這段期間留下一封寫著「史達林為人十分殘暴」的書信，囑咐托洛斯基將反對史達林的勢力集結起來。

然而，托洛斯基這時竟拒絕列寧的提議，據說他似乎認為這只不過是黨內的派系鬥爭，低估了與史達林之間的矛盾。可惜，史達林對權力的執著絕非托洛斯基心中所想的如此單純。

1924 年列寧逝世，當時托洛斯基正在喬治亞治療療病，他收到史達林的來信，上面寫著「不必急著趕回來」。托洛斯基對信中的內容信以為真，最終未能參加列寧的葬禮，隨後逐漸遭到孤立，最終失勢；1929 年被流放國外，1940 年於流亡地墨西哥遭到暗殺。另一方面，史達林沒有繼承列寧的人民委員會主席職位，而是繼續擔任總書記。

蘇聯共產黨的最高機構叫做中央委員會，轄下設有政治局等領導部門。成員雖是選舉產生，但實際上是透過信任投票，必須有書記局的推薦才能成為候選人。

史達林對書記局下令，挑選忠於自己的人給予推薦函。類似的行動在各個共和國、州、自治區等所有的黨組織中展開，史達林的權力基礎開始迅速鞏固。

書記局也變成一個強大的組織，史達林將不利於自己的文件和紀錄都封存起來；但這麼做還不夠，因為這樣還不足以排除威脅自己地位的人。

封存紀錄的下一步是消除記憶……。

對史達林不利的事實依然記在人們的腦海裡，必須排除那些批評史達林的人。於是，人類史上前所未有的大清洗拉開了序幕。

目前俄羅斯正在推動對史達林的重新評價。他將蘇聯推向超級大國地位的成就受到重新審視，與恢復國家威望的活動相呼應。不曉得喬治亞人會怎麼看待這件事？（※譯註：喬治亞是史達林的故鄉）

津久田

速水

在希特勒、墨索里尼、毛澤東等一票獨裁者中，我認為史達林是最奇怪的人。或許是個人偏見，但我愈來愈搞不懂他的想法。

其3 史達林的大清洗

史達林將競爭對手一一排除，登上權力巔峰，展開了名為「大清洗」的大屠殺，據稱受害者高達700萬人。與此同時，農村也發生大饑荒，這也是人禍所致。

Большой ТЕРРОР

讀作 Bol'shoy terror，大恐怖的意思。

史達林最著名的事蹟，就是無所不用其極地以暗中鎮壓迫害來鞏固權力，導致國內掀起一陣波瀾，其中也有數個鬥爭特別激烈的時期。1930年代初的農業集體化運動中對農民的鎮壓，以及大饑荒和二戰時強制遷移民族等…其中「大清洗」在1937和1938年間達到最高峰，使得「1937年」一詞在俄羅斯獨具特殊的形象。根據官方紀錄，光是被判有罪的就有134萬人，實際上應該遠遠超過這個數字。

受害者包括政治家、共產黨員、軍人、外國人，甚至連執行大清洗的機構NKVD內部的員工也出現大量的犧牲者，堪稱是蘇聯歷史上最大的汙點。導致這一切的起因和目的，牽涉到史達林的性格和共產黨的體質等多種因素，整體來說謎團重重，人們至今仍對此爭論不休。

以大清洗為代表的史達林時代，無疑是令人聞風喪膽的恐怖時期；與此同時，各地也充滿著為蘇聯鋪路的熱情與希望，令人無法理解。

大清洗時期的NKVD將領手持沿用自帝俄時期的納甘轉輪手槍。不知為何，看上去和NKVD十分搭配。

撲通
撲通

← 受史達林之命指揮大清洗的NKVD長官葉若夫 (Nikolai Yezhov)。大清洗時期甚至有「血腥葉若夫」之稱，但是地位只維持了兩年多，最終自己也遭到無情的處決。

等察覺到是敵人就來不及了！

列寧去世的時候，由史達林擔任葬禮主席，這是為了向國內外表明自己是列寧的接班人。然而，史達林的心中仍有所不安。被他驅逐的托洛斯基於土耳其、法國、挪威等地不斷轉移住所，到處干預歐洲各國的共產黨；此外，托洛斯基還散發自費出版的宣傳手冊，對史達林的蘇聯進行負面宣傳。

這些宣傳手冊的總發行量不得而知，但可以知道蘇聯的讀者就只有史達林一個人。一般人若擁有這本手冊就會遭到槍決。

史達林對此怒不可遏，於是下令治安機構進行內部搜索。

結果發現共產黨內部仍然存在著疑似外國間諜的人，有不少人依舊是托洛斯基的支持者。以老黨員為中心，有許多對自己握有政權而感到不滿的人。

史達林自己為此深自反省。凡事不能半途而廢，光是把托洛斯基流放國外還遠遠不夠，果然還是得斬草除根。

就在這時，發生了一件大事。

THE INNER CIRCLE

蘇聯領導階層的成員。都是冷酷的政治家和拚命的工作狂（因為老大無時無刻都在監視！），也是史達林的忠心部下。不止這些人，總之先介紹幾個主要人物……

奧爾忠尼啟則 (Sergo Ordzhonikidze)
喬治亞人。史達林少數好友之一，對其政策產生質疑，1937年自殺。

基洛夫 (Sergei Kirov)
作為史達林的心腹而崛起，廣受眾人歡迎，甚至成為史達林的競爭對手，於1934年不明遇刺。

莫洛托夫 (Vyacheslav Molotov)
被視為僅次史達林的第二號人物。曾任總理和外交部長，實力豐厚。據說在史達林去世時十分悲痛。

伏羅希洛夫 (Kliment Voroshilov)
被宣傳為內戰英雄和史達林的盟友，是深受人民愛戴的軍人，卻對現代戰爭毫無概念。

亞果達 (Genrikh Yagoda)
治安機構NKVD的負責人。受史達林之命執行大規模鎮壓，卻因執行手段不夠嚴屬在1936年遭解職，後遭處決。

貝利亞 (Lavrentiy Beria)
喬治亞人。在葉若夫失勢後接任NKVD負責人。儘管在史達林去世後掌握權力，卻被害怕他的幹部逮捕處決。

卡岡諾維奇 (Lazar Kaganovich)
猶太人。在運輸和重工業部門展現其過人的本事，人稱「鐵血拉扎爾」（Lazar是他的第一個名字）。

日丹諾夫 (Andrei Zhdanov)
二戰期間負責列寧格勒的防衛，戰後成為控制藝術和文化的保守派。1948年猝逝。

馬林科夫 (Georgy Malenkov)
馬其頓裔。日丹諾夫死後鎮壓其派系勢力，在史達林死後一度成功掌權。

加里寧 (Mikhail Kalinin)
老布爾什維克，曾擔任名義上的元首。由於不具實權，直到1946年過世之前仍保有這個地位。

米高揚 (Anastas Mikoyan)
亞美尼亞人。專事對外貿易和國內商業活動，有「紅色商人」的綽號，是少數能存活於激烈權力鬥爭中的硬漢。

布爾加寧 (Nikolai Bulganin)
戰後成為蘇聯國防部長，卻非真正的軍人，而是黨的政治家。在史達林去世後擔任總理。

赫魯雪夫 (Nikita Khrushchev)
烏克蘭裔。在史達林領導階層中屬後起之秀，後因建莫斯科地鐵和鎮壓烏克蘭而聞名。不久後，他便……

1934年，身為政治局委員和中央委員會書記的謝爾蓋·基洛夫遇刺身亡。

兇手是列昂尼德·尼古拉耶夫，此人是列寧格勒地區共產黨的反主流派成員，經常與上級發生衝突。史達林斷定居古拉耶夫的背後有托洛斯基支持派在暗中活動，於是採取行動。

一開始是在列寧格勒逮捕5,000名與共產黨有關的人士，將這些人送往集中營。在莫斯科，許多支撐革命的老黨員也遭到逮捕槍決。

不過，基洛夫遇刺案的真相至今仍謎團重重。一般認為是史達林一手策劃的，但基洛夫是史達林的忠實部下，根本沒有理由殺他。還有一種有力的說法是，基洛夫與尼古拉耶夫的妻子私通，復仇心切的尼古拉耶夫故而獨自犯案。可以確定的是，這起事件成為大清洗的導火線。

尼古拉·葉若夫是大清洗的主要執行者。

此人身材短小，沉迷於毒品，是個惡名昭彰的雙性戀者。

葉若夫在1936年擔任內務人民委員部（NKVD）的負責人。他首先著手進行人事調整，將忠於自己的部下塞進所有職位，營造出職員互相監視和告密的工作環境。

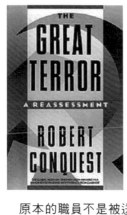

英國歷史學家羅伯特・康奎斯特（Robert Conquest）於1968年出版的著作《大清洗（The Great Terror）》。儘管也有發行俄文版本，但在蘇聯被列為禁書，持有這本書就會受到懲罰。

原本的職員不是被送往集中營，就是慘遭槍決。在蘇聯，即使在治安機構服務，也不能保證人身安全。

治安機構的職員為了自身安危，必須揭發並逮捕那些「人民公敵」。最終，1934年參加黨大會的1,956名幹部中，有1,108人被殺害；98名中央委員會的委員和候選人遭到處決，比例占了幾乎70%，導致180萬黨員銳減至150萬人。有些地方城市或州的共產黨整個遭到整肅，有些地方的黨組織甚至因此團滅。然而，這個恐怖的時代同時也是奇怪的瘋狂時代，空無一人的共產黨組織又注入了45萬革命後被灌輸史達林主義的年輕新血。

就連一般大眾也不例外。

如果引發火災，就會被視為破壞活動；如果消防車延誤救援，就是怠惰職守；如果廢墟中發現外文書，就會被視為間諜。即使是毫無根據的指控，也無法反抗。

這股清洗風暴也波及到了紅軍（蘇聯軍）。

1937年，圖哈切夫斯基（Mikhail Tukhachevsky）元帥被捕，他是1918年入黨的老布爾什維克，有「紅色拿破崙」之美譽。圖哈切夫斯基經過嚴刑拷打，以德國間諜的罪名遭到槍決。以此為開端，許多高級將領和指揮官相繼遭到逮捕，旅長以上的人有45%被槍決。失去大批職業軍人的紅軍實力因此削弱，日後付出了巨大的代價。

超乎想像的犧牲人數

在許多人被槍決和送往集中營之際，另一場悲劇正在蘇聯上演，那就是大饑荒。這並非自然災害，而是人為製造的地獄景象。

起因在於農業集體化。

這是將土地分配給貧困的農民，透過合作生產方式來提高生產效率。當時蘇聯的農業人口超過2,500萬人，據說其中有500萬至800萬人是生活貧困的農民。另一方面，被稱為富農（кула́к，發音為kulak）的富裕階層有150萬至200萬，生活還過得去的中產階級也有1,500萬至1,800萬。

史達林下令沒收這些人的財產，也不允許他們加入集體農場。

在新的制度下，只有貧農才能得到救濟。深知這一點的農民為了被認定為貧農，於是親手殺死牲畜、破壞農具和焚毀作物。

在集體化政策的短短幾年內，農耕馬匹減少到一半以下，45%的牛和豬遭到宰殺，綿羊和山羊更有7成遭到宰殺，這樣當然會無可避免造成大饑荒。

有資料顯示，當時的俄羅斯有500萬人、烏克蘭有1,500萬人餓死。各地頻繁爆發罷工潮，地方黨員也開始向莫斯科舉起反旗。終於意識到錯誤的史達林將所有責任推給地方的黨和官員，並將反抗或未能達成生產目標的農村百姓全流放西伯利亞。

悲劇的結局

事先聲明，這時第二次世界大戰還沒開始，不僅如此，這樣的時代還一直持續到1950年代。在這段期間，蘇聯實現工業化，提高教育水平，甚至獲得核武。蘇聯雖然對外聲稱是社會主義制度的勝利，但其實背後有不計其數的人犧牲。

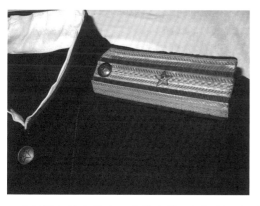

1943 年之後制定的 NKVD（內務人民委員部）少校制服。一般民眾光是被他們搭話就會嚇得渾身顫慄，就連身經百戰的軍人也會立刻失去冷靜。

　　大清洗仍沒有停止。葉若夫僅用短短數年便建立出「逮捕」→「審訊」→「處決」這種有如機械般的處置系統，但最後他自己也遭到這個機械所吞噬。像大多數的受害者一樣，葉若夫也遭到逮捕，經過嚴刑拷問後槍決。

　　葉若夫的繼任者是拉夫連季·貝利亞。

　　濫用權力強暴美少女是他最大的樂趣，而且還身患梅毒，簡直像極了黃色小說中會出現的那種人渣。有人認為貝利亞不像葉若夫那般殘暴，因為他處決的人數比較少，但這就像拿沙林毒氣和氰化鉀來比較一樣。半夜突然有人敲門，NKVD直接闖進屋內的時代仍在繼續。

　　就在這時，由希特勒領導的納粹德國入侵蘇聯。由於史達林平時的所作所為，導致蘇聯軍隊在各地潰不成軍，甚至出現整個部隊投靠德國，或是被占領的地區積極對德國提供協助。

　　貝利亞開始加強國內的管控，擒拿逃避兵役的人和逃兵，將那些毫無戰意的失敗主義者等盡皆處決。隨著戰爭以蘇聯勝利告終，隨即展開大規模舉報協助德國者的行動，更多的人被流放西伯利亞。

　　史達林之死（1953 年）成為貝利亞失勢的主因。貝利亞也如眾多受害者一樣，落得遭到逮捕槍決的下場；反觀史達林，幸運地躲過暗殺和失勢的命運，最終以偉大領導人的身分在床上安詳離世。

　　當史達林的死訊公布時，人們沒有表現出歡天喜地或悲傷的情緒，而是陷入茫然失措。或許是徹底的鎮壓和狂熱的個人崇拜，導致人們已經變得沒有史達林便無法作出任何判斷。

　　像列寧一樣，史達林的遺體也被永久保存下來，列寧墓從此變成「列寧和史達林墓」。不過，在後來的史達林批評聲浪下，其遺體被改葬於列寧墓的後方。

　　史達林的墓碑是一座巨大的頭部雕像，表情如仁王像一般充滿威嚴，彷彿在暗中凝視著集結在紅場的人們。

光是官方文件記載的大清洗受害者就高達70萬人。心想「咦？只有這樣？」的我早已對這樣的數字無感，得好好反省一下。相當於一座大城市的人口，短短幾年便人間蒸發，這果然一點也不尋常。

津久田

速水

推動蘇聯太空計畫的科羅廖夫（Sergei Korolev），於大清洗期間遭人密告而被流放西伯利亞，飽受折磨。他應該很清楚蘇聯黑暗的一面，卻依然對史達林敬愛有加，人類的心理實在很複雜。

就在蘇聯被大清洗摧殘得千瘡百孔之際，納粹德國來襲！第二次世界大戰，是蘇聯所謂的偉大衛國戰爭。大批經驗豐富的軍官已被處決……蘇聯要如何突破這個困境!?

Велиқая 偉大 **Отечественная** 衛國 戰爭
Война Voyna Velikaya Otechestvennaya

第二次世界大戰期間，蘇聯把與德國之間的戰爭稱為偉大衛國戰爭，沒有加上「Вели´кая（偉大）」這個字的衛國戰爭，是指拿破崙遠征俄羅斯的戰爭。津久田先生也有寫到，蘇聯在這場戰爭中的死亡人數超過2,000萬人；順帶一提，日本在太平洋戰爭中的犧牲人數約310萬人。之所以會有如此慘重的傷亡，原因在於蘇聯本土淪為戰場，其次是德國意圖摧毀俄羅斯及其社會本身，以及蘇聯軍隊的作戰及戰術毫無章法（尤其是開戰初期）…等。這場戰爭和犧牲對各方面都來深遠的影響（因為整個世代的人都死光了！），蘇聯自始至終都未能克服這一點。即使在現代的俄羅斯，偉大衛國戰爭的勝利也超越意識形態，已經被視為建國神話般的存在。

這場戰爭最具象徵性的武器當屬T-34戰車。不過人們總是在討論「哪輛戰車最強？」這類話題就是了。T-34的綜合實力相當強大，包括均衡的性能、量產性、尚可接受的可靠性、易用性、可擴展性…等等。當然它也有很多缺點…不過也有持續改進！

★Слишком поздно, это СССР!

兩大獨裁者的激烈衝突

蘇聯將第二次世界大戰稱為「偉大衛國戰爭」，這是史達林和希特勒這對最糟糕的對戰組合所展開的激烈戰爭。

據說兩國的死亡人數合計高達2,600萬人，其中滿洲和北方領土的日本人也有35萬人喪生，傷亡十分慘烈。

戰爭的起因是希特勒希望獲得東斯拉夫的領土，但戰爭很快就演變為意識形態之爭，成為雙方都不再將對方視為人類的全球性戰爭。

其實兩國一開始還保有某種程度的友好關係，還共同侵略可憐的波蘭，簽訂互不侵犯條約。然而，在1941年6月22日，德國突然對蘇聯發動侵略。

希特勒說：「蘇聯就像一扇腐朽的門，用腳一踢就會崩潰。」事實也證明了這一點，各地的蘇聯軍隊都被德軍迅速擊潰。由於在「大清洗」中失去大批優秀的指揮官，導致蘇聯軍隊無法進行有效的反擊。

順帶一提，這時史達林本人曾消失了一段時間。據說當時他因為被大力抨擊過於輕信互不侵

公認俄羅斯特色的
護耳毛帽叫做
ушанка
(ushanka)。

防水
斗篷

телогре́йка (telogreika)
是一種棉布防寒衣。
儘管比外套更方便活動，
但保暖效果差強人意…。

偉大衛國戰爭期間，蘇聯軍隊中也有許多女性士兵服役（與男性不同，並非徵召入伍）。與其他國家最大的不同之處在於，這些女兵也會參與第一線的作戰。舉凡步兵、狙擊兵、飛行員、戰車兵、水兵、排雷工兵、衛生兵、政治將校等等，都可見女性的身影。對於當時的蘇聯軍隊來說，描述女孩戰鬥的作品可是一點也不奇怪！此外，其中也有不少亞裔面孔，就算日本人 cosplay 也看不出有什麼不對勁。

■偉大衛國戰爭的大致
經過。
1941 年 6 月，德軍突襲開戰，蘇聯軍隊全軍潰敗。1941 年冬，蘇聯軍隊於莫斯科發起反擊。1942 年夏，德軍發動進攻。1942 年冬，蘇聯軍隊反擊。1943 年，雙方你來我往，不過蘇聯軍隊逐漸穩步推進。1944 年夏，蘇聯軍隊大舉進攻。1945 年春，德國投降。■偉大衛國戰爭常給人一種精銳德軍對上物資充沛的蘇聯軍隊的印象，但事實並非如此簡單。要注意的是，德蘇戰爭往往是以德國的觀點為中心，而物資供應需要有能力的後勤管理才能應對。高階將領也很能幹，尤其是在戰爭中期累積經驗的將領完全不遜於德軍。強調蘇聯軍隊採取人海戰術的刻板印象雖不全錯，但我認為這種看法過於片面。
■說到蘇聯軍隊的代表性指揮官，就不能不提到朱可夫（Georgy Zhukov）。他說不定是第二次世界大戰各國中最傑出的指揮官，無論進攻或防禦都指揮若定，是重要戰場上不可或缺的人物。朱可夫的性格堅毅而嚴厲，雖是猛將類型，但很有謀略，也能向史達林直言進諫。朱可夫至今仍是俄羅斯的英雄人物，不過實在不太想當這種人的部下…。
■偉大衛國戰爭的殘酷程度，可以從戰勝國蘇聯的戰爭電影中，主角往往戰死沙場這一點看得出來。像好萊塢電影一樣英雄回歸，這樣的劇本對蘇聯的觀眾而言肯定缺乏說服力。

呵呵呵。

犯條約，而擔心自己有可能會遭到清洗。這時德軍仍在持續推進，克里姆林宮的閣員們個個如驚弓之鳥。史達林得知閣員的反應，確定矛頭不會指向自己後，才帶著得意洋洋的表情回中央主持大局。

首先必須重建戰爭初期潰散的蘇聯軍隊。然而，未受損的兵力都駐紮在西伯利亞。海的另一頭是德國的盟友大日本帝國，儘管有簽署日蘇中立條約，但不能掉以輕心。

佐爾格與朱可夫

這裡介紹一位發揮重要作用的人物，他的名字叫理查·佐爾格（Richard Sorge）。

身為德俄混血的佐爾格，於 1924 年加入蘇聯共產黨。回到德國後，他隱藏身分加入納粹黨，並以報社記者的名義被派往東京。

這段期間他結識了德國駐日大使，得知德國即將入侵蘇聯的消息。可惜史達林對這項情報視而不見，這次的錯誤判斷為蘇聯帶來嚴重的後果。

後來，佐爾格得知日本的戰爭準備是為了對付美國，日本將遵守日蘇中立條約，把兵力調往南方戰線。

莫斯科中央軍事博物館所展示的76毫米砲塔型T-34戰車。由於T-34戰車在戰時幾乎都改裝成85毫米砲塔，這輛戰車按照蘇聯的標準是難得一見的稀有款式。

得知這項情報的史達林，在確定背後不會遭到偷襲後，決定採取行動，並將駐紮在西伯利亞的部隊大規模調往西邊。

佐爾格因為這項功績而成為蘇聯英雄，但他本人卻被日本政府逮捕並處決。佐爾格被葬在日本的多磨靈園，即便在蘇聯解體後的今日，每當俄羅斯的新駐日武官上任時，都會前往他的墳前進行獻花。

據說這是情報機構從蘇聯時代延續下來的傳統，日本警方也會對此進行監視，在獻花結束前警方不會採取任何行動，這在雙方之間形成一種默契。

回到正題，從西伯利亞調動過來的部隊立即投入前線，新一代指揮官在這裡發揮重要作用，喬治・朱可夫就是其中的代表性人物之一。

1919年加入共產黨的朱可夫，因為過於年輕而未被列入大清洗的對象。1938年的諾門罕戰役中，他讓日軍損失慘重。

朱可夫的戰術特色是壓倒性的廣泛物資攻勢，他習慣在長長的前線部署大量武器，不考慮士兵傷亡，持續不斷地進行猛攻。

當然，這麼做確實會讓大量將士陣亡，但朱可夫深知蘇聯軍隊的作戰能力不佳，但背後有幾近無窮無盡的人力資源作為支撐，得以貫徹這樣的戰術。

不過，內部也因此接連出現逃避徵兵和陣前逃亡的人。為此，共產黨派出 Комиссар（政治委員）密切監視士兵的一舉一動。NKVD（內務人民委員部）也組織督戰部隊，在後方射殺逃跑的士兵。如果指揮官作戰失敗，也會毫不留情地被當場槍斃。

此外，向德國投降的士兵家人，也會以叛徒的罪名遭到逮捕。事實上，史達林的兒子在戰場上遭俘之後，他也將自己的妻子送往集中營。

一般認為，冬天的到來成為德國和蘇聯兩邊形勢的重大轉折。

儘管常有人指出「德軍是敗在對嚴寒氣候的準備不足」，但以蘇聯的標準來看，當時也是破紀錄的嚴冬。

蘇聯和德國士兵命運的分水嶺在於經驗上的差異。1939年，蘇聯與芬蘭交戰時也遇到破紀錄的大寒流，蘇聯的士兵大量被凍死。有個諺語說「蘇聯有冬將軍，芬蘭有冬元帥」，當時的教訓發揮了作用。

無名之輩的戰爭

蘇聯軍隊不僅在各地抵擋德軍的攻勢，還逐漸轉守為攻。一開始在占領區對德國友好的百姓，遭到納粹的歧視和掠奪，在經歷過大規模屠殺後，眾人紛紛投入反抗運動。

在如此悲慘的狀況下，是什麼支撐著蘇聯人民的鬥志呢？據說是對土地的執著。

這裡的土地不是指農地或特定的不動產，而是更接近於對「鄉土」或「土地本身」的深厚情感的意義。

坦白說，無論共產主義的政治宣傳手段再怎麼厲害，對平民百姓來說，希特勒和史達林都是個災難。然而，生活在斯拉夫這片戰火紛飛的土地上，無論意識形態和政治體制對人們造成多麼嚴重的傷害，他們仍會為了守護土地而全力奮戰。

這不是政治加諸在心中的愛國心，而是更為原始的鄉土情懷，當然共產黨不會忽視這一點。

克里姆林宮的無名戰士墓。火焰生生不息，前來獻花致意的人絡繹不絕。還有個習俗是舉行完結婚儀式的新人要過來這裡報告喜訊。目前列寧墓的衛兵交接儀式改在這裡進行。

蘇聯各地展開了狂熱的愛國宣傳活動，史達林也和俄羅斯正教會和猶太教會攜手合作。1943年，蘇聯把軍服改成俄羅斯帝國風格，並在遠離前線的重工業區大量生產武器和彈藥。

當然，美國也有提供協助。從大西洋通過英國，前往北海的莫曼斯克（Murmansk）的運輸船隊，裝載了大量的槍砲、戰車和卡車。蘇聯的主力步槍是名為莫辛-納甘的步槍，有些上面還刻著柯爾特或西屋（帝俄時期生產）的標誌。

美國的援助對於蘇聯的勝利至關重要，但蘇聯國內幾乎看不到大規模的報導；順帶一提，史達林還拖欠美國負擔的援助費用。

1945年5月，柏林被蘇聯軍隊占領，希特勒自殺身亡，納粹德國就此分崩離析，但是戰爭還沒有結束。

同年8月9日，蘇聯外交部召喚日本駐莫斯科大使，告知蘇聯將對日本宣戰。驚慌失措的大使試圖聯繫日本，但大使館的電話線路全被切斷。

儘管這一連串的事件都將矛頭指向蘇聯，但我認為當時的日本外務省不應該認為柏林已經淪陷，日本和蘇聯之間不會出現動盪。不僅如此，向美國宣戰時也出包，最後也派不上用場。

最終，日本也投降了，只剩下北方領土的問題尚待解決。四座島嶼是否有可能歸還日本呢？這裡有個非官方的小道消息透露出當時蘇聯的真實想法。

1984年於莫斯科舉行的「第4屆日蘇圓桌會議」上，蘇聯共產黨雜誌《真理報》的主編說：

「日本要求歸還4座島嶼，要是歸還的話，下一步就會索討薩哈林（日本稱為樺太，中文為庫頁島）的南半部。到那時，德國也會要求歸還普魯士、波蘭也會要求歸還西利西亞。」

除了戰爭之外，幾乎沒有國境線因為其他原因而改變的例子。即使現在的俄羅斯政府對日本說「讓我們坐下來好好地討論領土問題」，也最好將這句話的實際含義想成是「大家坐下來喝杯茶」比較好。

從蘇聯共產黨的官方歷史書籍來看，盟軍在第二次世界大戰的勝利要完全歸功於蘇聯。日本在中途島失利，塞班島和硫磺島被攻陷，全都是蘇聯的功勞，令人不禁納悶是怎麼做到的？

津久田

速水

現代俄羅斯仍將偉大衛國戰爭視為建國神話，說不定比蘇聯時代更受到尊崇，因為蘇聯還有革命這個更高層次的神話。不久的將來，經歷過戰爭的世代相繼離世之後，不知道會出現什麼樣的變化。

其5 宣傳與審查

蘇聯當局非常重視政治宣傳。他們大力吹捧革命的偉大，將其作為領導公民的武器，但蘇聯也是暗地裡嚴格封鎖不利訊息的「審查大國」。

■說到蘇聯，不免會讓人聯想到政治宣傳的大國。運用所有媒體宣傳社會主義制度的優越性，將建設、工業、農業的成果美化成前景一片大好的數字，國家政策影片可以看到動員軍隊拍攝、延伸到地平線的戰車部隊。
■但整體而言，內容顯得十分樸實，完全看不出蘇聯對宣傳很擅長的樣子…。
■另外，各種統計數據和文件資料都有確實保存下來（只要別公開負面消息就行），沒有銷毀，而是妥善地存放在檔案館中，這種認真負責的地方反而讓人覺得很奇妙，也許純粹只是官僚主義也說不定…。

■蘇聯也是相當重視創作的國家。作家、詩人、音樂家、電影工作者、畫家等等…不用說，這些人既是體制的宣傳者，也懷抱著濃厚的共產黨理想主義和俄羅斯傳統。
俄羅斯對文化創作的重視與其鄉村印象截然不同，知識分子在這裡備受尊重。■獲得國家認可的作家可以加入全國性組織並獲得一定特權，使他們得以集中精神投入創作活動。某個反體制詩人因為沒有加入組織，因此法院不承認其詩人的身分，這樣的職業概念很容易理解吧！名片上寫作家就是作家，在蘇聯是行不通的。■
蘇聯解體後，大批國家認證的作家在失去政府的保護後生活陷入困境。要將其視為理所當然，抑或視為資本主義下終究沒有創作自由，實在很難評價。

★СЛИШКОМ ПОЗДНО, ЭТО СССР!

淺顯易懂的革命

蘇聯是一個和平富裕的國家，人人自由平等，擁有完善的醫療和教育制度，是沒有失業和破產的理想國度，這就是所謂的政治宣傳。

宣傳可以影響立場搖擺不定的人朝特定的思想方向發展，或團結分散的個人形成群體。在蘇聯，動員教育水準不高的群眾參與革命，宣傳可說發揮了重要作用。

一開始最重要的是引起人們的關注。有時候會打扮成旅行表演團，透過音樂等來吸引群眾，表演短劇宣揚革命的重要性。

由於有許多民眾不識字，活動人士會代為朗讀布爾什維克的機構雜誌《真理報》，這有點類似日本在市民中心舉辦的防詐騙活動。

1917年十月革命後，紅軍與白軍的內戰爆發，出現了大量使用插圖的手冊和海報。

作為模範的紅軍士兵總是衣著整齊，過著規律生活，時刻不忘保養武器，也不會騷擾女性。

相反地，糟糕的士兵全身髒兮兮，成天酗酒鬧事，嗜賭成性，對女孩子死纏爛打。這些對比的海報都在哈巴羅夫斯克的軍事博物館實際展出。

■蘇聯的作家不像資本主義那般競爭激烈…這樣說似乎會讓人以為淨是些無聊的作品，但其實也有很多娛樂作品，以現在的角度來看也很有趣的作品多不勝數。我最喜歡的是科幻電影《Kin-dza-dza！》，這部電影的內容著實令人驚艷。■有人說蘇聯電影會讓人聯想到政治宣傳…但其實好萊塢電影中也充斥著大量的宣傳成分，只是因為這些宣傳符合自己的價值觀，所以比較不容易察覺到罷了。■蘇聯的言論自由當然有受到限制，不過硬要說起來，令人意外地（重點就在這個「意外」）好像還是可以自由發表自己的看法。在蘇聯極為重視的職場集會中，聽說允許公開批評社會和高層幹部。絕對不允許批評的是共產黨制度本身，這是一定不能踩到的紅線。■諷刺黨或企業的體質沒有問題，甚至也有以此為題材的喜劇電影。■審查制度基本上是採取事後審查，如果有心的話，在出版物上也能夠發表挑戰底線的言論，只是一旦被當局盯上，以後就很難再發表作品…加上人們也會做自我審查。

抱怨　　不滿
批評
宿舍環境糟糕！
餐廳難吃死了！
成立更多的托兒所！
黨幹部

批評不公義也是報紙的職責。
遵命
等待檢舉投書！
雪片般飛來—
這是真的嗎？
好像很有趣，買來看看吧！
真的假的？
小報化（真有其事）

■視情況，有時可能會在各種媒體上受到來自黨政府等方面的批評。儘管被當局公開點名批評讓人難以忍受，但透過討論向社會傳達黨的意圖，似乎也是一種理想的方式…總而言之，這個國家有很多喜歡辯論的人。
■如同文中所言，政治形勢的變化會影響人們自由言論的底線，這是比較麻煩的地方。不過，由於沒有一定的標準，因此需要時時揣摩上意…這部分其實在現代的日本不也經常遇到嗎？
■那麼，要是被當局盯上而無法發表作品的話該怎麼辦？這時候就要靠充滿DIY精神的人了。在蘇聯，受到禁止的書籍會以地下出版的形式流通，俄語稱之為祕密出版物（самиздат，發音為samizdat），一般是利用打字複寫等方式製作。順帶一提，日本的同人誌在定位上也類似祕密出版物，現在的俄羅斯御宅族也是沿用日文發音，將同人誌稱為「dojinshi」。
■音樂界也有地下音樂，其中最具代表性的是「肋骨唱片」。這是將用過的X光片加工製作成唱片，以此聆聽搖滾樂等音樂。儘管肋骨唱片隨著錄音帶普及而逐漸式微，但人類展現出來的DIY能力著實令人讚歎。
■考慮到蘇聯的國土廣闊，各種服務尚未發達，這種DIY精神和技能從日常生活、核潛艇乃至太空探索上都發揮了極為重要的關鍵，我認為這也是蘇聯得以維持74年的原因之一。哎呀，好像離題了…。

　　總體而言，蘇聯海報大部分都設計得非常出色，從平面設計的角度來看也多半評價很高。
　　如今俄羅斯會舉辦宣傳海報的展覽，販賣相關畫冊，明信片大小的復刻版更成為便宜又方便攜帶的紀念品。
　　這些海報最初是由「蘇聯藝術家聯盟創作協會」負責統籌，他們甚至引進外國製造的印刷機來製作。
　　對外宣傳方面，使用短波廣播製作廣播節目，為了滿足不同語言的需求，他們從世界各地招募廣播主持人。

　　然而，蘇聯在某些方面顯得十分兩極化，例如日本隨處可見的小型印刷品，在蘇聯就無法製作，餐廳的菜單通常是用劣質的草紙製成；打字機的色帶由於反覆使用，字體模糊難辨，稍微受潮便無法使用。
　　這是因為當時沒有承包一般印刷業務的印刷廠，幾乎所有被稱為印刷機的機器都受到嚴密的監控。
　　隨著辦公室自動化設備的普及，為了防止人們製作批評體制的傳單，當局開始對影印機和印表機特別敏感。外國企業、新聞通訊社、記者辦公

蘇聯於 1987 年出版的反美宣傳書籍日文版。美國國防部每年都會發行強調蘇聯威脅的「蘇聯軍事實力系列」書籍，這本就是用來反制該系列的書。書中力陳美國才是萬惡之源。

室也不例外，據說就算只是更換故障設備，也必須經過十分繁瑣的進口手續。

呈現在電影中的光和影

宣傳和審查是一體兩面的關係。這是一場有關創作熱情與表達自由的戰鬥，主戰場包括電影、戲劇、音樂和文學等領域。

蘇聯視電影為重要的宣傳媒介，更成立全球第一所國立電影學校。其中以戰爭電影為大宗，每年都會推出以偉大衛國戰爭（蘇德戰爭）為主題的新作品。

典型的蘇聯戰爭電影，是透過描繪戰爭時期的苦難和不屈不撓的鬥志所帶來的勝利，在蘇聯公民的心中形成統一的歷史觀，讓眾人團結一心。

當然，動員軍隊拍出場面震撼的作品，也可以出口賺取外匯，因此也誕生出像《波坦金戰艦》這類跳脫宣傳框架、備受海外廣泛讚賞的名作。

不過，並非所有的電影都受到歡迎。

阿列克謝・格爾曼（Aleksei German）於 1971 年執導的《途中考驗（原名：Проверка на дорогах）》，由於遭控「扭曲歷史」而踩到國家電影委員會（Госкино，發音為 Goskino）的紅線，被禁止上映，直到 1986 年蘇聯開始改革後才得以在劇院上映。

1977 年格里戈里・丘赫萊依（Grigory Chukhray）執導的《泥沼（原名：Трясина）》曾一度上映，卻因惹怒偶然看到這部電影的蘇聯軍政治總局局長阿列克謝・葉皮謝夫（Alexei Yepishev）將軍，導致該片取消放映。原因出在這部電影是以逃兵為題材。

此外，拍攝完成的底片在製作期間遭竊，或工作人員受到威脅等案例時有所聞，也有導演像安德烈・塔可夫斯基（Andrei Tarkovsky）一樣被迫流亡海外。

音樂界的情況也差不多。蘇聯也有流行樂或搖滾樂藝人，深受年輕人的喜愛，但蘇聯文化部卻在 1983 年 6 月開始對這些人進行嚴格審查。

批判的對象包括歌詞、服裝、演唱會曲目順序和演奏時間等，尤其是改編成搖滾風格的俄羅斯民謠惹惱了古板的官員，他們對音樂訂下「不僅要珍惜民謠，更要重視抒情的蘇聯愛國歌曲」、「所有流行樂團必須滿足崇高的思想和美學要求」等嚴格條件。

最後連樂團的名稱都被挑三揀四，甚至部長還說出「許多樂團名稱過於狂妄自大，與蘇聯文化的創造方向不符」這樣的言論，導致許多樂團被禁止演出，更有樂團遭到強制解散。

什麼是社會主義現實主義？

其中文學更遭遇一連串的苦難。鮑里斯・巴斯特納克（Boris Pasternak）雖然憑藉《齊瓦哥醫生》一書獲得諾貝爾文學獎，作者本人卻迫於蘇聯當局的壓力，最終拒絕接受獎項。

說實話，蘇聯並非一開始就是嚴格的審查大國。馬克思重視言論和表達自由，列寧也遵循這個理念，允許自由出版。然而，風向自 1920 年代開始逐漸改變，到了史達林時代甚至無法期待自由的創作活動。

反過來說，這也代表蘇聯當局相當重視文學的價值和力量。在蘇聯，受歡迎的作家並非指寫出有趣作品的人，而是此人筆下的價值觀和政治訊息獲得人們支持的意思。

駐日蘇聯大使館發行的宣傳雜誌《今日的蘇聯》，表面上需要收費，但其實可以在東京的專門書店和俄羅斯餐廳等處免費取得。雜誌內附有有獎徵答活動，頭獎是招待去蘇聯旅遊，蘇聯解體後便停刊了。

假如小說中有個讓人聯想到時任領導人的角色，該角色在書中受到批判而獲得人們支持，這對執政當局而言就是危險的信號。

光憑這一點就必須毫不留情地加以打壓。遭到點名的作家只有屈服於體制轉向，或者放棄發表作品兩種選擇，也有不少人在絕望之下輕生。

這類審查隨著時代不同時而放鬆時而收緊，例如 1977 年之前遭到封殺的喬治・歐威爾（George Orwell）的作品《一九八四》，就在 1979 年解除禁令。另外，也有些作品因為「以為是由其他負責人審查」等官僚原因逃過審查而見諸於世。

另一方面，繪畫領域發生過著名的「驢尾事件（Ослиный хвост）」。1962 年，時任蘇聯總書記的赫魯雪夫出現在莫斯科舉辦的美術展上，他對抽象派畫家內茲韋斯特尼（Ernst Neizvestny）的作品強烈批評說：「這是人類畫的？還是用驢子尾巴塗的？根本看不出來。」

這不只是單純的個人感想，而是對蘇聯藝術界的警告。

蘇維埃藝術必須貫徹以馬克思列寧主義為基礎的社會主義現實主義。根據這個方針，繪畫需頌揚革命者和軍人，描繪超額達成生產目標的勞工，以及運動員的活躍。

諷刺的是，赫魯雪夫死後，其墓碑是由內茲韋斯特尼負責設計。那是在黑白相間的大理石中融入赫魯雪夫頭像的抽象設計。

這些「社會主義現實主義繪畫」，在蘇聯解體後全都變得一文不值；然而時過境遷，如今這類作品在拍賣會上也能以高價賣出。

提到最重要的公眾反應，儘管當局在宣傳上下了一番工夫，卻似乎沒什麼人真的相信宣傳裡面的內容。仔細想想也很合理，廣播電臺播放糧食增產的新聞，商店裡卻什麼都沒有，當然一點也沒有說服力。

人們甚至嘲諷「想要牛奶的話，不如帶著水桶去收音機前面排隊」。如果現實跟不上，再厲害的宣傳魔法也會失效。

1930 年代，蘇聯使用過一架名為馬克西姆・高爾基（Максим Горький）號的宣傳專用巨型飛機。機上配備了印刷機、放映機和廣播設備，可以從空中散發傳單或投射影像，真希望親眼見到實物。

津久田

速水

蘇聯一向不擅長宣傳的疑慮其實也延續到現代的俄羅斯，但另一方面，俄羅斯近年來可疑的網路戰略也正在逐漸取得成效。

蘇聯戰車

六鹿文彥

大家好，我是六鹿。

米格-25 飛來函館！

這個時候還不是蘇聯迷。

廣播裡是莫斯科電臺，這裡是「莫斯科電臺」

東京急行

蘇聯軍隊入侵阿富汗

莫斯科奧運還能舉辦嗎？

我只是「重型航空巡洋艦」啦~

「航母」明斯克號

通過對馬海峽！

納希莫夫號的寶藏

你不是蘇聯

因為是在冷戰時期長大的世代，所以一提到蘇聯，就會出現軍事新聞的深刻印象。畢竟曾經是假想敵國！

那時只不過因為對蘇聯感興趣就被視為怪人，有時還有人會（半開玩笑地）問：「你是間諜嗎？」

蘇聯軍隊給人的印象就是陸軍，經歷過冷戰時代的人，一定對「數以百計、千計的蘇聯戰車越過邊境來襲！」記憶深刻！（例如：登陸北海道和新潟！）在「優於敵方戰車的火力」前提下，實現「重裝甲」和「高機動力」，將舒適性等條件擺在第二位，體積壓縮到極限的形象不管怎麼看都像極了不人道的反派武器。

精緻漸層塗裝真不錯看！

還有，我認為蘇聯武器的「神祕感」也是其魅力之一。在還沒有網路的當時，其中的謎團確實無人知曉。

在我還是學生的時候，由於資料不足，從零描繪T-72真的讓我很傷腦筋。

80年代的主戰戰車 T-72

緊貼地面的低矮車體，搭配長長的砲管，實在有夠酷！（但不想坐在裡面）

雖說是「低矮車體」，但我在庫賓卡戰車博物館搭乘實體戰車時，仍被它的高度嚇個半死。加上車速極快且路況不佳，坐在上面魄力十足，不知道這算不算是額外服務（？）

老闆，嚇死我啦

要是像這樣硬用擬人化的方式描繪蘇聯戰車的話就沒戲唱了！

話說回來，以前曾定期有過下面的文章，但最終T-80的外觀並沒有太大變化。

T-80 預測圖

帶有複合裝甲的稜角砲塔。

130 mm砲

這是《FUTURE WAR 198●年》中的戰車嗎？

實際的戰車更帥氣（雖然是老古董）

核戰

279 戰車

蘿迪娜妹妹
（※譯註：родина，發音為rodina，T-34在日本的暱稱）

1941年型
第112工廠製造

六鹿文彥　插畫家、漫畫家。目前活躍於《Armor Modeling》（大日本繪畫）、《J-SHIPS》（伊卡洛斯出版社）等。

第 3 章

★ 冷戰與崩潰 ★

★ СЛИШКОМ ПОЗДНО, ЭТО СССР! ★

其1 赫魯雪夫的時代

史達林去世後，馬林科夫成為繼任者，但他沒多久就被迫下台，由赫魯雪夫擔任最高領導人。批判史達林，推動農業改革和太空探索，姑且不論善惡，赫魯雪夫可說是一個精力充沛的人。

尼基塔
謝爾蓋耶維奇
Никита Сергеевич
赫魯雪夫
Хрущёв

赫魯雪夫（發音其實非常捲舌，比較接近赫魯雪夫）這個名字是源自金龜子，不知有何緣由。

他是蘇聯領導人中頗有意思的人物，如津久田先生所寫，赫魯雪夫的性格暴躁，容易激動，兼具善良與強硬，對共產主義的未來充滿信心。共產主義的體制給了非貧苦知識分子的他一個機會。

赫魯雪夫所做的最具影響力的事情無疑是批判史達林。他將過去被半個世界奉為神明的史達林打落神壇，在古巴危機發生之後，提出蘇聯與美國和平共存政策；他認為一旦發生核戰，世界將會毀滅！儘管這些作為導致與中國的關係惡化…。

此外，他不像史達林時代把逼垮的競爭對手處死，而是讓這些人退休或調離要職。當然，赫魯雪夫在史達林時期也曾在烏克蘭指揮過大規模鎮壓，所以並非善類。

去了美國訪問。

這可是蘇聯領導人首度踏上美國國土。

赫魯雪夫意外地很有時尚感，西裝下面穿著烏克蘭襯衫。

赫魯雪夫對史達林的批判

直到 1953 年，史達林去世的時候，絕大多數的蘇聯國民仍然相信史達林是一位偉大的國家領袖。而大清洗這個可怕的真相是直到 1956 年才被赫魯雪夫給揭露出來。

赫魯雪夫並非史達林的直接繼任者。史達林去世後，接任總理的人是馬林科夫，然而在喬治亞人史達林身邊學習的赫魯雪夫很清楚，這個時候控制黨才是首要之務。

最終，馬林科夫失勢，赫魯雪夫成為領導人。

值得一提的是，馬林科夫沒有遭到處決，這意味著蘇聯終於出現不會殺害政敵的領導人。

赫魯雪夫是個徹頭徹尾的工人階級，他從小就在田裡幹活，照顧牲畜，也有過在工廠和煤礦坑做工的經驗。赫魯雪夫體格粗獷，且禿頭紅臉，掛著一副毫不掩飾不整牙齒的樸素笑容。

正是赫魯雪夫這種鄉下百姓的風采，在人民心中樹立了「赫魯雪夫才是真正的工人代表」的形象。

赫魯雪夫重視根據經驗的知識，凡事都要親眼看到才能確認；相反地，這也意味著他很容易被

★СЛИШКОМ ПОЗДНО, ЭТО СССР!

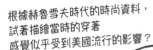

根據赫魯雪夫時代的時尚資料，試著描繪當時的穿著感覺似乎受到美國流行的影響？

史達林時代盛行一種宣揚社會主義榮耀的豪華史達林式建築，其中也有這樣的公寓，當然這只有極少數的特權階級才住得起。
赫魯雪夫提出「停止建造這種愚蠢的建築，大量興建普通百姓能夠住得起的住宅」這個非常認真的政策，其結

果就是大肆建造名為赫魯雪夫樓（Хрущёвка，Khrushchevka）的公寓群，可是這些建築粗製濫造，也非常狹小，所以評價不高，但它確實大大改善了原先極為惡劣的居住環境，達到「從西方標準看還算差強人意」程度。啊，蘇聯絕大部分的人都住在集合住宅，幾乎看不見獨棟房子，情況現在好像也一樣。

說到赫魯雪夫和蘇聯人民的生活，就不能不提到百事可樂。
美國尼克森總統讓赫魯雪夫試喝百事可樂，使得百事可樂開始在蘇聯生產，即使是冷戰時期，在蘇聯也能喝到百事可樂這種西方的風味！
經過各種改革，赫魯雪夫時代也開始推動太空探索等新的事物！蘇聯是大國！這樣的樂觀意識可以說在這段時期散播開來，不過農業政策等方面以慘敗收場就是了…。

嚴厲批評赫魯雪夫的前衛藝術家內茲韋斯特尼設計了他的墓碑。失勢的赫魯雪夫沒有葬在克里姆林宮牆，而是葬在一處名為新聖女公墓的地方，那裡十分寧靜，環境也很優美。

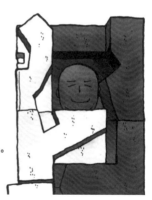

有效的簡報所欺騙。

如果赫魯雪夫生活在現代的日本，他的家裡肯定會堆滿在深夜購物頻道買來的家電產品或健康器材。

不過，這樣的行動力正是赫魯雪夫贏得史達林信任的契機。只要史達林一聲令下，赫魯雪夫就會像砲彈一樣奔赴各地，忠實地執行史達林的命令，其中也包括可怕的大清洗。

烏克蘭的暗黑長官

在偉大衛國戰爭中，赫魯雪夫以政治委員（Комиссар）的身分參與史達林格勒和庫斯克戰役。他親自視察前線的戰鬥，嚴格命令將軍們擊退德軍。

不惜做到這個地步的赫魯雪夫儼然是星際大戰中「黑武士」一般的存在，只要他說出「同志史達林可不像我這般寬容」這句話時，在場的將軍無不感到戰慄；報告無法讓他滿意的指揮官，只能選擇舉起手槍朝自己的腦袋開槍。

話雖如此，赫魯雪夫自己也對史達林十分畏懼，因此至今仍存在著「史達林是被赫魯雪夫下毒謀殺」之類的陰謀論。姑且不論這件事情的真

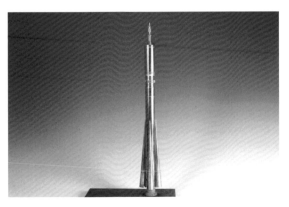

R-7火箭推進器的金屬模型。照片為聯盟號型，拆掉頂端零件就是發射史普尼克（Sputnik）火箭的初期型。搞不好赫魯雪夫的辦公桌上也有類似的模型。

偽，但可以確定，史達林去世後，赫魯雪夫所做的第一件事，就是展開清洗可能對自己構成威脅的人。

1954年，他逮捕並處決了治安機構的負責人拉夫連季・貝利亞，這導致貝利亞所控制的MVD（內務部）和GUGB（國家安全總局）分離，後者改組為KGB（國家安全委員會）。

其後，他將支持馬林科夫的幹部一一排除，接著迎來1956年。在第20次黨大會上，赫魯雪夫發表祕密演說；之所以稱為祕密演說，是因為外國的共產黨相關人士在演說前被禁止進入會場。

內容正是所謂的「史達林批判」。史達林是所有蘇聯人民的父親，卓越領導力和充滿慈愛的光輝太陽，然而赫魯雪夫卻將史達林為史上最邪惡的惡魔一事統統揭露出來。

忠誠的黨員、勇敢的軍人、無辜的人們紛紛遭到監禁、拷問、殺害，所有的一切都攤在陽光之下。原來在與希特勒的戰爭中，史達林不但未能領導祖國取得勝利，反而是險些就要戰敗。

然而，本應是祕密的演說內容很快就洩漏了出去，引起世界各國共產黨的動盪。匈牙利爆發大規模動亂，與支持史達林路線的中國、北韓、阿爾巴尼亞的關係出現了嚴重裂痕。

尤其赫魯雪夫的祕密演說的洩露更使蘇聯與中國之間引發激烈的爭論，不只是與中國的外交管道，甚至火勢還波及到中蘇民間。

其中也有這樣一段小故事。

流經蘇聯遠東地區的阿穆爾河（Амур，黑龍江）同時也是中蘇邊界。在某個面向該河的小鎮，出現一個棘手的問題。

那就是每天一到午休時間，對岸的公園裡就聚集了一群中國人，拉下褲子對著小鎮做出露臀羞辱的行為。

市政府天天都會看見這個令人討厭的場景，市長和公務員都對此頭痛不已，但總不能拿出機關槍向對方射擊……這時，一名公務員想到了一個好主意，那就是在市政府的牆壁掛上毛澤東的巨幅肖像畫。從那之後，騷擾便不再發生。

然而，並非所有人都能像這樣以幽默的方式來回應。事實上，達曼斯基島（珍寶島）的國境警備軍就發生了武裝衝突。

赫魯雪夫呼籲民眾保持理性，並強調「蘇聯共產黨絕對沒錯」、「無論蘇聯發生任何事，黨都會繼續存在」。儘管聽起來似乎與一般的說法完全相反，但在這個時代，黨依然優先於國家。

批判史達林的貢獻在於恢復許多人的名譽，其中最幸運的莫過於從集中營活著回來的人。

另一方面，在黨和軍隊中擔任要職的史達林主義者紛紛遭到解職和流放，這些人並沒有被殺害。這一點足以證明時代確實正在產生變化。

★對玉米的執著

赫魯雪夫掌權後，首先進行的是農業改革。史達林推動的重工業化政策取得一定成果，鋼鐵產量在1952年達到近4,000萬噸，使蘇聯成為僅次於美國的世界第二大鋼鐵生產國。

儘管鋼鐵的增產增強了蘇聯在國際社會的存在感，但其農業產能仍然處於毀滅性的低迷狀態。

赫魯雪夫認為，與其恢復因戰爭而荒廢的農地，不如透過大規模開發未開墾的處女地，來增加糧食產量。他利用「總人口×人均消費量＝需求量」這樣的粗略計算方式，設定「10年內將

於海參崴行進的蘇聯遠東艦隊水兵。海軍是需要花費時間建立的高度技術人員集團，一旦裁減的話，便很難恢復能力。對海軍將領來說，赫魯雪夫的裁軍簡直是一場噩夢。

農業生產量提高2.5倍」的誇張目標，並派出30萬名志願者前往南西伯利亞、阿爾泰地區及烏拉爾荒野。

到1954年，已開墾的土地達到1,900萬公頃，隔年又新開墾1,500萬公頃，後來1955年的收穫量來到驚人的1,000萬噸！

赫魯雪夫被全蘇聯讚譽為農業的天才領導人。

然而，這個數字明顯不對勁，因為剛開墾的土地不可能在同一年收成，真正支撐產量數字的是赫魯雪夫原本忽視的既有土地，大量開發處女地反而造成豐收地區出現人手不足的情況。

因為缺乏人力，有許多農作物還來不及收穫就枯萎了。即使真的成功收成，農作物也將因為缺乏倉庫儲藏、無卡車和貨車無法載運而無法運往其他地方流通，只能暴露在風雨下任其自然腐爛。

因此這段時期的蘇聯農作物收成數字雖然相當驚人，但因人力不足之故只是虛有其表，雖然多產卻無法送到消費者的手上。

赫魯雪夫後來又提出大規模的農業政策，那就是種植玉米。他計畫透過增加牲畜飼料，以增加肉類的產量。

腦袋一拍便立刻執行。赫魯雪夫一聲令下，馬上設立玉米研究所，於莫斯科的農業博覽會上設立專門展示玉米的展覽館，並開設專賣玉米食品的特別商店「кукуруза（kukuruza）」。

在太空探索上大有斬獲

赫魯雪夫崇尚新的事物，他憑藉本能的直覺洞察開創新時代的技術，便將資源集中在這些技術上。儘管並非每次都能成功，卻在太空探索方面

取得巨大的成功。

火箭是遵照史達林的指示進行研發，並動員曾經參與V-2火箭研發和運用的納粹德國戰俘。然而，蘇聯的火箭並非單純從V-2複製而來，而是在更早之前就不斷進行研究。

赫魯雪夫看中的不僅是火箭帶來的軍事價值，還有火箭所能提升的蘇聯國威和國際地位。更重要的是，他判斷這是證明技術比美國更先進的最佳工具。

當赫魯雪夫第一次見到實際的火箭時，他藏不住內心的激動說道：「這玩意應該像香腸一樣大量生產！」

1957年，世界上第一顆人造衛星史普尼克一號發射升空。這件事給全世界帶來震撼，也為蘇聯作為太空先進國奠定了輝煌的開端。

1961年，載著蘇聯太空人加加林的東方一號發射升空，為蘇聯贏得世界上首次載人太空飛行的榮耀。

在軍事方面，ICBM（洲際彈道飛彈）進行實戰部署，潛艇發射型也研發成功。隨著美國威望受損，赫魯雪夫逐漸信心大增。

赫魯雪夫一家人訪問紐約

1959年可說是赫魯雪夫的巔峰時期。他之所以能向美國提出美蘇和平共存的建議，也是因為行有餘力才可以辦到。赫魯雪夫自知美國不論是經濟或軍事都遠遠地輾壓蘇聯，所以他才在國內鼓吹「趕上並超越美國」。

當時美國也認為，比起老是把開戰掛在嘴邊的史達林，赫魯雪夫算是相對講理的對象。

1959年9月，赫魯雪夫正式訪問美國。赫魯雪

063

U-2偵察機的殘骸。飛行員加里·鮑爾斯（Francis Gary Powers）成為俘虜，被公開審判。當時原本要在巴黎進行美蘇首腦會談，赫魯雪夫卻宣布中止，導致美蘇關係驟然惡化。

夫此行的目的，是與艾森豪總統進行首腦會談，以及在聯合國大會上發表演說。作為領導人的赫魯雪夫，此程帶著其夫人和孩子同行——這對今日來說不算是什麼新鮮的事，卻打破了當時蘇聯領導人的出訪慣例。

事實上，更因此發生了值得一提的小插曲——赫魯雪夫的孩子們似乎要求要去迪士尼樂園玩，可惜這個天真的願望最終未能被實現。

抵達紐約後，赫魯雪夫一家人下榻頂級的華爾道夫·阿斯托里亞酒店。當時負責接待工作的紐約市長，為了舉辦歡迎午宴，共發出多達約5,000封的邀請函，豈料到了當天才發現飯店場地早在4年前就被紐約的牙醫協會預訂了。

得知此一消息後，紐約市政府透過國務院向牙醫協會提出更換場地的要求，而牙醫協會卻對此悍然拒絕，導致最後因為臨時更換場地而陷入一團混亂。

雖然赫魯雪夫在而後的會議呼籲要和平共存和裁減軍隊，但美國民眾仍對陸續部署核導彈、發射人造衛星的蘇聯心存戒心。

赫魯雪夫於翌年的1960年10月再次訪問美國，同樣出席聯合國大會，這次堪稱是一場傳說的大會。

蘇聯在大會上提出「譴責殖民主義決議」，卻遭到菲律賓代表的抨擊，菲律賓代表斥責以軍事力量控制東歐的蘇聯正是奉行殖民主義的國家。赫魯雪夫聞言勃然大怒，他脫下鞋子猛敲桌子大聲抗議，以此干擾會議程序。

雖說這樣粗暴的場景在日本國會屢見不鮮，但赫魯雪夫卻是史上唯一一位敢在國際會議上實際這麼做的人。

★重視導彈與古巴危機

赫魯雪夫是個點子豐富的人，他認為只要將火箭、原子彈和潛艇結合起來，就能在不需要像美國航母戰鬥群那樣豪華陣容的情況下，保護蘇聯免受帝國主義者的侵害。史達林時代的大型水面艦隊計畫被取消，改將重點放在高機動性的小型飛彈護衛艦和攻擊型潛艇上。

1960年發生美國偵察機U-2被蘇聯的防空飛彈擊落的事件，軍事緊張局勢因此升級，但與此同時，赫魯雪夫對飛彈的信心日益增加。大型轟炸機計畫也被取消，開始大規模裁減高階軍官。

然而，單單提升防禦能力仍不足以充分保護蘇聯，要是被美國單方面發動核打擊，將會是蘇聯不可承受之重。要與美國和平共存，擁有能與美國匹敵的攻擊能力也很重要，可是蘇聯的軍事術仍相形見絀。有什麼辦法可以取得優勢呢？

就在這時，古巴的巴蒂斯塔政權被政變推翻，領導革命軍的斐代爾·卡斯楚（Fidel Castro）在美國不看好的情況下，於1959年宣布建立共產主義國家。

意外地在美國咽喉處建立基地的赫魯雪夫，萌生了祕密在古巴部署核導彈和轟炸機的念頭。

畢竟美國已在西歐和土耳其部署核導彈，在遠東的日本也有第七艦隊。或許赫魯雪夫的心裡認為，和美國做相同的事又有何不妥呢？

另一方面，距離邁阿密海灘僅幾艘小船即可到達的地方突然誕生共產主義國家，這件事讓美國產生激烈的反應。CIA（美國中央情報局）立刻策畫多個推翻古巴卡斯楚政權的行動，但均以失敗告終。在這種情況下，卡斯楚反而更是趁機深

克里姆林宮牆。士兵背後的方形石碑是對社會主義發展做出貢獻之人的墓碑，平時不能任意接近，所以赫魯雪夫之墓是唯一能讓任何人參拜的蘇聯總書記墳墓。

化與蘇聯的關係。

然而，在美國偵察機發現蘇聯貨船上載著導彈之後，情勢急轉直下。美國海軍隨即部署到古巴周邊海域，強行實施海上封鎖。

這次輪到蘇聯手足無措，因為艦隊已經按照赫魯雪夫的命令變成一堆破銅爛鐵，根本不具備突破美國海上封鎖的能力。最終，赫魯雪夫無法忽視美國真的發動核戰的可能性，只得妥協。

眼睜睜看著蘇聯轟炸機和飛彈撤出的卡斯楚大感失望，兩國關係一時緊張。不過，卡斯楚並非唯一一感到懊惱的人。蘇聯外務部副部長庫茲涅佐夫（Vasily Kuznetsov，不是同名的海軍元帥）對美國的高官表示：「我們會遵守這項協議，但不再容許發生第二次。」

後來，美蘇兩國意識到一點點的誤會都可能導致全面核戰的危險，因此同意在克里姆林宮和白宮之間建立直接通訊系統，也就是所謂的熱線。

在電影中，身為觀眾的我們經常能夠看見美蘇領導人直接通話的場景。但實際上雙方是透過電傳打字機以文字進行溝通。兩國的負責官員每天會互傳兩次文章，以確認通訊是否正常。

順帶一提，美國方傳送的測試訊息是摘自美國的《自然（Nature）》或是《國家地理（National Geographic）》等自然科學雜誌的內容；至於蘇聯方這邊傳送的測試訊息，內容則大多是引用自列寧的著作或其《真理報》的社論為主。

不過，赫魯雪夫從未使用過這條熱線。凡事都獨斷專行的性格、農業政策的失敗，以及古巴危機這個最後一根稻草，使得赫魯雪夫於1964年被拉下政治的舞台。

1971年9月11日，赫魯雪夫辭世。他並未像其他領導人一樣葬在克里姆林宮牆，只有在《真理報》的角落刊登了一篇小小的「退休人員尼基塔・赫魯雪夫逝世」的文章。

赫魯雪夫的政策就像是一場外科手術，在沒有麻醉的情況下縫合史達林時代留下的傷口，但他到底究竟是名醫還是江湖郎中，實在無法輕易地妄下定論。

蘇聯有一款形狀像步槍、名為「照相狙擊手（Photosniper）」的相機。這款相機只能拍攝，不會射殺動物，赫魯雪夫也是其愛用者，由此可見他確實有著樸實善良的一面。

津久田

速水

與同時期的美國總統艾森豪相比，兩人雖然都是禿頭大叔，外表卻截然不同，在現實中著實擅長角色設計。我個人認為他是所有蘇聯領導人中最時尚的一位。

其2 蘇聯的太空探索史

冷戰與崩潰

冷戰時期,美蘇兩大強國凡事都要競爭。儘管大多數都是美國居於領先,但蘇聯也有過占據先機的時候,那就是人造衛星和載人太空飛行領域。

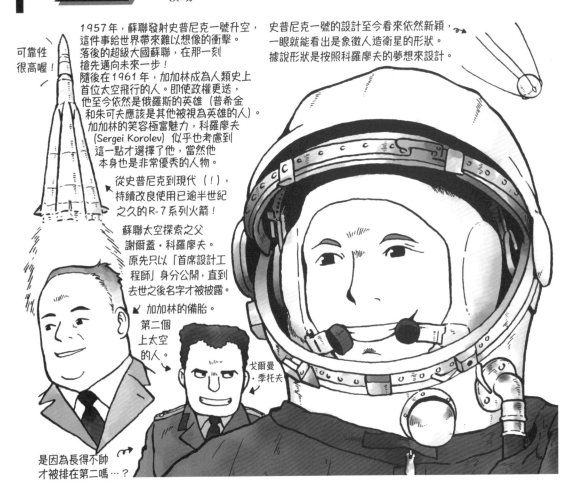

1957年,蘇聯發射史普尼克一號升空,這件事給世界帶來難以想像的衝擊。落後的超級大國蘇聯,在那一刻搶先邁向未來一步!

隨後在1961年,加加林成為人類史上首位太空飛行的人。即使政權更迭,他至今依然是俄羅斯的英雄(普希金和朱可夫應該是其他被視為英雄的人)。加加林的笑容極富魅力,科羅廖夫(Sergei Korolev)似乎也考慮到這一點才選擇了他,當然他本身也是非常優秀的人物。

可靠性很高喔!

從史普尼克到現代(!),持續改良使用已逾半世紀之久的R-7系列火箭!

蘇聯太空探索之父謝爾蓋・科羅廖夫。原先只以「首席設計工程師」身分公開,直到去世之後名字才被披露。

史普尼克一號的設計至今看來依然新穎,一眼就能看出是象徵人造衛星的形狀。據說形狀是按照科羅廖夫的夢想來設計。

加加林的備胎。第二個上太空的人。

戈爾曼・季托夫

是因為長得不帥才被排在第二嗎…?

人類史上第一顆人造衛星 「史普尼克一號」

在馬克思和恩格斯的《共產黨宣言》初版發行的1848年,莫斯科州的政府公報角落刊登了一則小小的新聞。

「小市民尼基福爾・尼基欽因對月球飛行發表不適當言論,故流放到哈薩克的拜科努爾。」

約十年後的1857年,一個男孩在莫斯科東南部誕生,他的名字叫康斯坦丁・齊奧爾科夫斯基(Konstantin Tsiolkovsky)。多年後,他成為世界上第一個確立太空火箭理論的人,但當時的俄羅斯科學院並不瞭解其意義。

齊奧爾科夫斯基的理論是在革命後才受到重視,因此被選為蘇聯科學院的院士。過了100年後,蘇聯成功發射人類首顆人造衛星史普尼克一號,發射基地就位於哈薩克的拜科努爾,也就是尼基欽被流放的地方。

這一連串的巧合當然是發揮想像力而來的結果,但其中也可見蘇聯刻意為之的痕跡。史普尼克一號無論如何都必須在1957年發射升空,因為美國也在積極開展太空探索,蘇聯隨時都有可能被超越過去;搶得先機才能獨占第一,慢了一

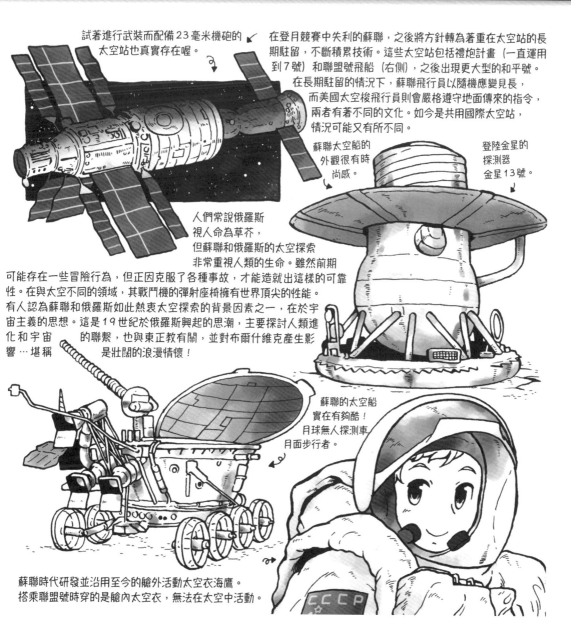

試著進行武裝而配備23毫米機砲的太空站也真實存在喔。

在登月競賽中失利的蘇聯，之後將方針轉為著重在太空站的長期駐留，不斷積累技術。這些太空站包括禮炮計畫（一直運用到7號）和聯盟號飛船（右側），之後出現更大型的和平號。在長期駐留的情況下，蘇聯飛行員以隨機應變見長，而美國太空梭飛行員則會嚴格遵守地面傳來的指令，兩者有著不同的文化。如今是共用國際太空站，情況可能又有所不同。

蘇聯太空船的外觀很有時尚感。

登陸金星的探測器金星13號。

人們常說俄羅斯視人命為草芥，但蘇聯和俄羅斯的太空探索非常重視人類的生命。雖然前期可能存在一些冒險行為，但正因克服了各種事故，才能造就出這樣的可靠性。在與太空不同的領域，其戰鬥機的彈射座椅擁有世界頂尖的性能。有人認為蘇聯和俄羅斯如此熱衷太空探索的背景因素之一，在於宇宙主義的思想。這是19世紀於俄羅斯興起的思潮，主要探討人類進化和宇宙　　　的聯繫，也與東正教有關，並對布爾什維克產生影響…堪稱　　　是壯闊的浪漫情懷！

蘇聯的太空船實在有夠酷！月球無人探測車月面步行者。

蘇聯時代研發並沿用至今的艙外活動太空衣海鷹。搭乘聯盟號時穿的是艙內太空衣，無法在太空中活動。

步就沒有機會了。

納粹的科學實力為世界第一？

　　美國和蘇聯的火箭研發都是從飛彈開始，對雙方產生重大影響的是納粹的V-2火箭，其開發基地位於德國北部的佩內明德（Peenemünde）。1945年5月5日，蘇聯軍隊入侵此地，這裡有個名叫謝爾蓋‧科羅廖夫的人。

　　科羅廖夫雖被授予上校軍階，但其實他直到一年前還是一名在西伯利亞強制勞動的囚犯，只是並沒有具體的犯罪證據，可說是史達林大清洗下

的典型受害者。

　　科羅廖夫在佩內明德發現V-2火箭的殘骸和被破壞的設施，以及約5,000名德國技術人員。如果蘇聯軍隊早一點到達的話，說不定華納‧馮‧布朗（Wernher von Braun）也在其中。遺憾的是，馮‧布朗已被美方帶走，完成的V-2火箭和備用零件也已運走。

　　這兩位天才在不知道對方的名字跟長相的情況下，各自站在美蘇太空競賽的最前面。

　　科羅廖夫雖然對V-2火箭進行了詳細的分析，但似乎並未發現需要改變自己作法的驚人之處。

在莫斯科的ВДНХ（國家經濟成就展）可以看到R-7火箭推進器和發射台。這裡是一塊開放空間，可以站在推進器的正下方欣賞。

他所研發的液體燃料火箭於1933年成功發射升空，1947年開發的R-2火箭，性能大約是德國技術人員開發的改良型V-2火箭的兩倍。

然而，當時仍處於史達林時代，那是無法達成目標就會遭到逮捕的社會體制，對於必須經過反覆失敗才能取得進步的火箭開發而言，是非常嚴峻的環境。

當然，馮‧布朗也過得十分艱辛。他一直擺脫不掉過去納粹黨員的身分，龐大預算也飽受批評。美國政府對自己的空軍實力充滿信心，比起洲際彈道飛彈更重視近程導彈的開發。

揭開太空時代的序幕

情勢於1957年發生變化。如前所述，這一年是齊奧爾科夫斯基誕辰100週年，同年也被定為「國際地球觀測年（IGY）」，世界各國開始合作對地球和太陽進行觀測。

當時，蘇聯正值赫魯雪夫時代，他的心中是這麼盤算的。

「只要我國能夠成功從太空觀測地球，那麼蘇聯的國威就會大幅提升。這不是戰爭，應該會受到其他國家的讚賞，這在政治戰略上具有重大意義。」

於是，該年的10月，史普尼克一號發射升空，使用的火箭是R-7型。將五個推進器綁在一起的獨特造型，隨著燃料耗盡依序分離，以減輕本體重量，這個點子就出自於科羅廖夫。

史普尼克一號是一個直徑58公分的球體，有四根天線延伸出來。實際上它只能發送電波信號，觀測能力有限，但已經足以在人們的心中留下蘇聯是太空探索的領頭羊的印象。

這在美國引發所謂的「史普尼克危機（Sputnik crisis）」，蘇聯不久後又發射史普尼克二號。

史普尼克二號搭載著一隻名為萊卡（Лайка，Laika）的太空犬。在史普尼克一號後短短兩個月又再次發射，再加上搭載生物，讓美國感到極大的挫敗。

然而，計畫打從一開始就沒有考慮到讓太空犬返回地球的方法，這讓不少人感受到蘇聯體制的冷酷。

順帶一提，史普尼克一共開發到五號。三號的體積更大，裝載了大量觀測設備，可惜發射失敗。四號則是用於測試生命維持裝置，上面還載有真人大小的人偶。這時計畫早已轉向載人太空飛行。

最後的五號也搭載生命維持裝置、太空犬貝爾卡（Belka）和斯崔卡（Strelka），以及老鼠、大鼠和植物等。這次任務成功讓所有生物生還，接著輪到送人類上太空了。

載人太空飛行也領先一步

1961年4月12日，加加林乘坐東方一號，成功進行人類首次太空飛行。以「笑容爽朗的青年」而從選拔決賽中脫穎而出的他，成為名副其實的英雄，於世界各地宣傳蘇聯的優越性，這對美國來說是第二次挫敗。

然而，眾所周知，這是一項極其危險的計畫。

該計畫並未設想在地表軟著陸，而是在7,000公尺的高度從太空艙將人連同駕駛艙一起彈射出去，太空人使用降落傘返回地面。據說最初預估的成功率，即使是最樂觀的數字，也只有60％。

另一個更重要的問題是，人們完全不曉得進入

1982 年發射升空的無人軌道火箭飛機的四號機,用於大氣層重返測試。這是在印度洋進行回收作業時由澳洲海軍拍攝的照片,故而聲名大噪。

太空的人類身上會發生什麼變化。

有些醫學家嚴肅地主張,無重力會阻礙血液循環而導致腦死,或是呼吸時空氣無法積聚在肺部而造成窒息,伴隨著這類當時尚未弄清楚的危險性。加加林在飛行期間的通訊紀錄顯示,當時他不斷地報告自己的健康狀況。

幸運的是,加加林最終以健康的狀態返回地球,此後東方計畫也繼續順利進行,最後的六號更成功將人類首位女性太空人范倫蒂娜‧泰勒斯可娃(Valentina Tereshkova)送上太空。

蘇聯再進一步推動太空探索。

1965 年,阿列克謝‧列昂諾夫(Alexei Leonov)搭乘上升二號,成功進行艙外活動。喜歡畫畫的他把畫具帶上太空船,並將太空的景色描繪下來。

列昂諾夫在 1975 年也參加了阿波羅 - 聯盟聯合飛行計劃,他在衛星軌道上惡作劇地向美方推薦換貼成伏特加標籤的羅宋湯太空食品,返回地球後列昂諾夫還出版了兒童繪本,可說是一位多才多藝的人。

列昂諾夫在看過電影《2001 太空漫遊》後,向原作者克拉克(Arthur Charles Clarke)表示「感覺就像再次去了太空」;而克拉克聽到身為前太空人的列昂諾夫的感想後非常感動,於是在續集《2010 太空漫遊》中,將一艘太空船直接命名為列昂諾夫號。

聽聞此事後,列昂諾夫打趣地說道「那想必是一艘非常棒的太空船吧?」。在撰寫本文時,列昂諾夫的身體依然硬朗(※譯註:本書日文原版於 2018 年出版,列昂諾夫已於 2019 年去世)。

蘇聯也將登月探測列為目標。1959 年,距離史普尼克一號成功發射後不到兩年,首顆月球探測衛星發射升空。

這就是「月球計畫」。

月世界的誘惑

總共成功發射 24 枚衛星,但也有 19 次失敗。從合計 43 次這個數字,可以感受到蘇聯的執著。並非所有的發射器都能成功抵達月球,能夠安全著陸的更是少數,但蘇聯仍創下許多世界第一的紀錄。

其中最值得一提的就是「月面步行者(Луноход)」。Луно(lúno)是「月亮」、ход(hod)是「步行者」的意思。顧名思義,這是一輛無人探測機器。

它有著類似咖啡杯形狀的車身,八輪驅動,附有像杯蓋一樣的太陽能電池板,相機與天線雜亂無章地裝設在上面。1970 至 1973 年間,有兩輛探測車被送上月球,進行地質調查等工作。

然而,這項登月壯舉卻被蘇聯政府賦予了不同的意義。

它被替換成「既然無人探測就能取得充分成果,那就沒必要特地將人類送上月球」的論調。

1969 年,美國利用阿波羅 11 號成功進行人類首次的載人月球探測,首次落後的蘇聯對此心有不甘。

當然,蘇聯也有載人月球探測的計畫,但這時的蘇聯太空計畫卻出現一個重大問題。

那就是 1966 年科羅廖夫的去世。

繼任者瓦西里‧米申(Vasily Mishin)雖是科羅廖夫的優秀部下,能力卻不及他。

取而代之崛起的是瓦連京‧格魯什科

位於莫斯科高爾基公園的蘇聯製太空梭，用於測試機體所承受的壓力和振動。經過改裝後，內部成為太空相關的展覽館。

（Valentin Glushko），他正是誣陷科羅廖夫，使其流放到西伯利亞的主謀。

科羅廖夫得知這件事的時候勃然大怒，一直到去世都沒有原諒格魯什科。不過，格魯什科自己也曾遭到逮捕，當年有可能是不想被處死才做出這樣的行為。

一起共事之後，格魯什科一直對只有科羅廖夫受到讚揚這件事感到不滿，甚至連赫魯雪夫都親自出面調解兩人的糾紛。

然而，兩人的嫌隙始終無法化解，最終演變成研發現場的派系對立。夾在中間的米申因而心力交瘁，從此酗酒成癮。

最後，他們未能研發出登月火箭。經過屢次失敗之後，蘇聯決定放棄載人登月探測計畫。

1964 年赫魯雪夫下台也是一次沉重的打擊。新上任的布里茲涅夫徹底批判赫魯雪夫的政策，就連太空計畫也不例外。

順帶一提，加加林也在 1968 年的一次飛機事故中喪生。事故原因至今仍眾說紛紜，甚至有一說認為他受到赫魯雪夫的寵愛，被布里茲涅夫疏遠才遭到謀殺。

蘇聯太空探索的輝煌與衰敗

儘管痛失一代英才，科羅廖夫的遺產並沒有被後世白白浪費。

其後，月球探測器逐漸發展為聯盟號太空船的原型，而且發射東方號的 R-7 火箭也被聯盟號採用，其發射紀錄為世界第一，無人貨運飛船進步號也受到妥善運用。

放棄月球探測的蘇聯，將重心放在建造和營運太空站上。

名為禮炮號的太空站系列陸續發射升空，太空人開始常駐。

1986 年，新型太空站和平號發射升空，太空人的停留紀錄接連刷新，甚至有太空人停留超過一年，也有人認為這可能是為了載人火星探測蒐集資料。

那時積累的專業知識，至今仍運用在國際太空站上。

順帶一提，和平號的訓練備用機，目前展示於北海道苫小牧市的苫小牧市科學中心，可以自由參觀。

另一方面，美國迎來太空梭時代。蘇聯聲稱聯盟號和進步號已可滿足太空運輸，但其實自加加林時代開始，就一直在研發類似太空梭的太空往返機，那就是「暴風雪計畫」。

一號機於 1988 年利用超大型火箭能源號以無人駕駛的方式發射升空，而後順利返回。不過，蘇聯在改革失敗陷入嚴重的經濟危機後，已經沒有預算投入新的太空計畫。

存放於拜科努爾太空發射場的暴風雪號，後來因為惡劣天氣導致設施倒塌而砸毀；其等大模型展示於莫斯科的高爾基公園，但內部設備已全數拆除，如今只剩下空殼。

戰略火箭軍

美蘇的太空競賽之中，最重要的是對軍事方面的貢獻。高性能火箭原本是為了 ICBM（洲際彈道飛彈）而開發，可說是影響國家安全的最重要技術。

蘇聯有一支專門操作洲際彈道飛彈的軍種，那就是著名於其名字充滿中二病風格的「戰略火

SS-20中程核彈頭飛彈及其載具，飛彈射程為5,000公里。
1987年美蘇簽署《中程飛彈條約》後，與美國的潘興II飛彈
一同銷毀。

箭軍」。

戰略火箭軍創建於1959年，首任總司令是米特羅凡‧涅德林（Mitrofan Nedelin）。他上任不到一年就遭遇了悲劇，在拜科努爾試射新型的R-16飛彈時，不幸被爆炸事故波及；涅德林本應在監視所坐鎮指揮，卻選擇離開那裡近距離視察作業情況，才因此遭受不測。

1960年10月24日，發射台上正在準備的推動器突然爆炸，引燃的燃料導致周圍陷入一片火海。這場事故據說有120人到150人死亡，涅德林的遺體被燒成焦炭，只能勉強靠熔化後黏在胸前的勳章殘骸來確認是他本人。

順帶一提，戰略火箭軍的制服與陸軍砲兵部隊完全相同，從外觀無法區分。

他們負責操作在地下建造的飛彈發射井，以及操作裝載於巨大拖車上的移動式飛彈發射器。另外，西伯利亞鐵路上一款類似貨車的飛彈發射器也歸戰略火箭軍使用，據說這些飛彈設備被隱藏在祕密隧道中。

飛彈發射井的軍官通常是由一名上尉與一名高級中尉組成，兩人會定期輪換，發射控制室有可供長期居住的設備。

負責技術支援的准尉和士官作為支援人員待命。一般徵召士兵若想分配到戰略火箭軍，需先順利服完兩年兵役，然後重新報考。

發射核彈的程序非常神祕，但根據推測，蘇聯領導人應該也像美國一樣擁有「核按鈕」。

據說實際上只是將密碼列印出來，但也有傳言說隨行軍官都會背著笨重的通訊設備，真相不得而知。

部隊具體的指揮系統亦眾說紛紜。儘管蘇聯的文獻中記載著「核攻擊批准指揮官」與「核攻擊執行指揮官」兩種職位，但就連這些指揮官是否真實存在也令人存疑。

即使現今蘇聯早已解體變成了俄羅斯，全世界仍四處充斥著核武器。但願這些核武器永遠不要發生任何故障。

當年列昂諾夫先生訪日時，我去聽了紀念演講。他是個開朗且有魅力的人，其中最令我印象深刻的是，當談到設置於太空站、從尿液中提取飲用水的裝置時，他說：「研發這玩意的人應該自己先喝看看。」

津久田

速水

帝俄時期提倡、蘇聯也暗中繼承的宇宙主義。透過探索太空以追求人類永生的目標，如果論及理想的話，我希望是足夠令人瞠目結舌的構想。

庸俗先生布里茲涅夫

神祕的超級武器、腐敗的黨幹部……塑造出這種蘇聯形象的人就是布里茲涅夫。這位崇尚地位、名譽與奢侈品的庸才，一手推動了軍備擴張和黨幹部的特權階級化。

Леонид Ильич Брежнев
列昂尼德 伊里奇
布里茲涅夫

■布里茲涅夫生於1907年（順帶一提是1月1日！），在俄國革命時年僅十歲，是蘇聯領導人中第一位未曾參與革命和內戰的世代。■他排除史達林時代的老幹部，1964年迫使赫魯雪夫下台，奪得共產黨第一書記（總書記）的寶座。■從此掌握權力長達18年，直至1982年去世為止，僅次於史達林，不過晚年的行事風開始轉趨保守…。■這位大叔無疑是個庸俗之人。與過去的領導人不同，他貪圖物質享受、喜歡高級服飾和跑車、勳章堆得像山一樣高、演講乏味冗長…但並非無能之輩，對外採取強硬姿態，對內則實行保守（或許也可以說是穩健）的政策。

二戰期間，將近40歲的布里茲涅夫以政治委員身分從軍，是個有前途的男人。

■我猜他是那種三杯黃湯下肚便心情大好、懂得享受人生的庸俗大叔。

看起來像熊一樣粗魯，很有總書記的架勢。

4度獲頒象徵蘇聯英雄的金星勳章，創下蘇聯的紀錄！

運用人脈與權謀

說到代表東西方對立與美蘇冷戰時代的人物，就不得不提到列昂尼德‧伊里奇‧布里茲涅夫（Leonid Ilyich Brezhnev）。

對於經歷過史達林的恐怖統治、與希特勒的戰爭、赫魯雪夫的激進改革等動盪時代的人而言，布里茲涅夫的登場或許意味著可以鬆一口氣的時代已然到來。

雖被諷為「只是史達林的鬍鬚變成眉毛罷了」（意為同樣是史達林主義者），但事實上他是一位

重視與周圍的人協調的「溫和領導人」。

布里茲涅夫在烏克蘭作為共產黨員積累政治生涯，在偉大衛國戰爭時以政治委員的身分領導紅軍。這時與赫魯雪夫結下不解之緣，從此踏上成為高級幹部的道路。

戰後歷任摩爾多瓦共和國和哈薩克共和國等地的幹部，這個時期建立的人脈，日後形成名為「第聶伯河黑幫」的派系。

這股勢力在驅逐支持自己的赫魯雪夫第一書記時首次發揮作用。1964年10月，布里茲涅夫在赫魯雪夫度假不在克里姆林宮時，趁機召開中央

■有趣的是，儘管布里茲涅夫獲得特權、名譽和榮耀，卻不像史達林那樣大搞個人崇拜，在他身上確實看不到那種充滿威嚴的形象。■布里茲涅夫掌權時期被稱為「停滯時代」，聲望並不高，但那也是一個「穩定的時代」。沒有史達林時代那樣的大規模鎮壓與瘋狂的建設，也不像赫魯雪夫時代執行漫無計畫的政策；生活水準提高，家電、汽車、高樓大廈等逐漸普及（品質就睜一隻眼閉一隻眼吧）。超級大國的威望提升，軍事實力強大到足以與美國抗衡，緩和東西方的緊張局勢，教育和福利得到充實，沒有競爭的輕鬆工作環境。■另一方面，社會的腐敗現象有增無減。最高領導人布里茲涅夫本身就是貪贓枉法之徒，共產黨幹部中不時有人中飽私囊，黑市經濟也開始興盛起來。此外，儘管不再有大規模鎮壓，但對於反體制知識分子的打壓仍未放鬆，甚至強行介入布拉格之春這類發生在共產主義國家的自由化運動；這次的捷克事件大大損害了蘇聯的國際形象。

布里茲涅夫時期的建築不見史達林時代的浮誇感，改以日本也有的現代風格大樓為主流。乍看之下似乎平凡無奇，但仔細一看仍會發現各種耐人尋味的事物…還有體積一樣很巨大。

那時量產的汽車之一，Moskvitch-412。蘇聯一般公民只要稍微努力也買得起的大眾車！Moskvitch（Москвич）的意思為「莫斯科人」。

■布里茲涅夫時代也是僵化經濟的扭曲逐漸浮出檯面的時期，這讓排隊購物的人龍變成蘇聯的象徵。1979年甚至發動曠日持久的阿富汗戰爭，共產黨幹部也開始漸漸感受到危機…。

委員會，通過赫魯雪夫的免職決議。

擁有中央委員會投票權的幹部有數百人，平時分散在蘇聯各地；一旦這些人聚集到莫斯科，赫魯雪夫不可能不知道他們的動向。

那麼為何可以瞞天過海呢？其實是當時的KGB主席謝米恰斯內（Vladimir Semichastny）與前主席謝列平（Alexander Shelepin）都站在布里茲涅夫協助封鎖情報所致。後來，赫魯雪夫從度假中被召回，被迫接受免職決議而黯然下台。

最後只有和赫魯雪夫一起度假的副總理阿納斯塔斯・米高揚（Anastas Mikoyan，米格設計

局阿爾喬姆・米高揚（Artem Mikoyan）的哥哥）願意支持他。當然，他也跟著遭到解職。

★ 精心鞏固權力基礎

布里茲涅夫恢復史達林時代的總書記頭銜，登上最高權力者的寶座。

他上台後的第一步，是將宮廷政變的功臣謝米恰斯內和謝列平降職，新的KGB主席由強硬派的尤里・安德洛波夫（Yuri Andropov）接任；這個男人雖然能幹，卻是不容大意的對手。為了避免被安德洛波夫反咬，布里茲涅夫安排第一副主

這台迷你模型車是只有蘇聯閣員才能搭乘的高級轎車 ZIL，在兒童玩具中也偏向昂貴；搞不好有不少底層黨員每晚都盯著它，暗暗發誓「總有一天要乘坐這輛車」。

席謝苗・茨維貢（Semyon Tsvigu）從旁監視。

同為治安機構的 MVD（內務部）大臣，是由曾經在烏克蘭共產黨時代擔任祕書的尼古拉・曉洛科夫（Nikolai Shchelokov）出任；這裡的第一副市席則是安插女婿尤里・丘爾巴諾夫（Yuri Churbanov）。

此外，之前失勢的黨幹部、官僚，以及因裁軍而被迫提前退休的將軍們，也重返工作崗位。

透過優待黨、政府和軍隊的幹部來鞏固支持，於治安機構安插親信，這正是布里茲涅夫能夠維持僅次於史達林長達 18 年執政的原因。

果不其然，特權階級皆齊聲讚揚「在同志布里茲涅夫的領導下，我們才得以安心地在職務上有所邁進」。他們能夠在不受嚴格監督的情況下工作，舒舒服服地坐擁高位，當然會對布里茲涅夫表示感激。

由於父親的名字（中間名）與列寧一樣都是伊里奇，因此出現了「從伊里奇傳給伊里奇！」的口號，全蘇聯都為明智且強力的領導層誕生而歡欣鼓舞。

然而，這意味著在蘇聯，虛有其表的意識形態比現實政策更占優勢，就像是「想學游泳，閱讀游泳教科書比在游泳池裡游泳更正確」一樣。

其結果導致黨組織過度干預國營企業與集體農莊，使雙方的對立加劇。不過，當 1969 年出現破記錄的豐收時，在支持布里茲涅夫的保守派大力反撲下，尋求改革的聲音受到壓制。

另一方面，在軍事部門投入巨額的國家預算。赫魯雪夫認為，只要維持最低限度的核打擊能力，便足以對美國形成威懾，但布里茲涅夫卻下令研發更強大的核武器，生產並部署更多的彈道飛彈，同時大幅擴充陸海空軍的一般戰力。

大量部署神祕的超級武器，虎視眈眈地瞄準西方社會，這樣的紅色帝國形象可以說正是在這個時代塑造出來的。

實際上，一般兵力的增強成功地牽制美國，使蘇聯的外交政策變得更加大膽。

武力鎮壓捷克斯洛伐克的民主化運動「布拉格之春」；積極介入非洲與中東，社會主義國家與親蘇政權陸續誕生；對共產游擊隊的武器供應也變得活躍起來，世界逐漸被美國和蘇聯的力量平衡所分割。

★ 熱愛勳章的庸俗先生

布里茲涅夫對於名譽和體面的頭銜情有獨鍾，明明是社會主義國家，卻對只有特權階級能過著富裕生活一事毫不懷疑。

不僅喜歡西方品牌的西裝，也是一位擁有多輛高級汽車的車迷，度假的時候會到特別的度假勝地狩獵；請人代筆的自傳三部曲成為暢銷書，榮獲蘇聯的最高文學獎——列寧文學獎。

獲得的勳章光在蘇聯就有 44 枚，還有 5 個榮譽獎項，其中包含 4 枚金星勳章與 8 枚列寧勳章。

從國外獲得的勳章、獎章和榮譽獎項總計超過 120 個。實際上不可能全部佩戴在身上，因此甚至出現「這次獲獎，同志布里茲涅夫總書記決定要接受將背部移植到胸部的手術」的玩笑話。

儘管帶著一身榮耀，但布里茲涅夫其實曾經差點遭到暗殺。

1969 年 1 月 22 日，布里茲涅夫的車隊在克里姆林宮內被多發子彈擊中，幸好布里茲涅夫並不在中彈的汽車內。這起事件造成司機死亡，還有

擺放在海參崴飯店房間內的蘇聯製冰箱,雖然設計很老士,但性能並不差。裡頭之所以空無一物,是因為這是在辦理入住手續時拍攝的,絕無嘲諷蘇聯物資匱乏的意思。

幾名保鏢受傷。

兇手是一名22歲的年輕人,名叫叫維克托・伊里因(Viktor Ilyin)。他事先偷來民警的制服,混入保全隊伍之中,其真實身分是陸軍高級中尉。

訊問結果顯示,伊里因對蘇聯體制感到不滿,他十分嚮往在第三世界頻繁發生的政變,尤其崇拜刺殺甘迺迪的奧斯華(Lee Harvey Oswald)。在家庭方面,發現他的父母都有酗酒問題,並診斷出他患有嚴重的精神疾病,於是後來將其隔離在喀山的特殊精神病院。

不只布里茲涅夫,蘇聯領導人有時會連續好幾個月不公開露面,每回都會出現暗殺或病故的傳聞,但這次是真的發生一起暗殺未遂事件。

停滯不動的國家,放棄的人們

儘管布里茲涅夫享受著奢侈的生活,軍隊日益壯大,市民的生活卻絲毫沒有改善。

商店依舊大排長龍,住宅建設進度緩慢,想入住公寓必須排在數百組之後。擁有自用車更是遙不可及的夢想。

老舊的生產設備也沒能更換成新型機器。在背地裡行賄、挪用公款、造假變得司空見慣,黑市日漸擴大。

然而,克里姆林宮收到的報告皆用景氣樂觀的數字來美化,紙上經濟愈來愈脫離現實狀況。

相傳布里茲涅夫只相信美國CIA所發布的「蘇聯經濟現狀報告書」,有人可能認為,既然如此那他自己採取對策不就好了,但布里茲涅夫的經濟改革都是想到什麼就做什麼,收效甚微。

或真或假,布里茲涅夫有句讓人難以置信的話。

「如果物資短缺的話,勞工只需努力工作三倍就好。其中一件產品上繳國家,一件留給自己使用,最後一件可以拿到自由市場出售。」

事實上,勞工也開玩笑說:「我們走私那麼多東西,蘇聯竟完全不受影響,說不定真的是超級富裕的國家呢。」

不單布里茲涅夫,當時的人們或許真的以為「下一代會想辦法解決」,一副事不關己的樣子。

提到布里茲涅夫,就不得不想起他與前東德領導人何內克(Erich Honecker)主席熱吻的一幕。雖然我們不應該對外國習俗抱持偏見,但我認為兩位大叔的熱情親吻行為不會得到太多的報導。

津久田

速水

晚年的老態龍鍾形象由於過於強烈,導致人們往往會忘記他在中年之前可是具有南俄羅斯人風格的爽朗男性,看到照片一定會大吃一驚。從他的表情也能看出很享受駕駛跑車兜風的樂趣。

接替布里茲涅夫的人是KGB主席安德洛波夫。他決定進行改革以擺脫國家停滯不前的困境，卻因為年事已高，上任不到兩年就去世了。繼任的契爾年科也在短短一年內病死。

Юрий Владимирович Андропов
尤里・弗拉迪米羅維奇・安德洛波夫（1914～1984）

1983年接替布里茲涅夫成為蘇聯共產黨總書記的安德洛波夫，雖然頗有知識分子的氣質，但其實並沒有上過大學。從他的經歷來看很有意思，他在24歲時就成為地方的黨幹部。這是因為當時史達林的大清洗正如火如荼地展開，許多前輩接連中箭落馬，並遭到逮捕……多虧這樣（？）不少年輕幹部得以快速晉升，也成為後期的蘇聯政治家任期如此漫長的原因之一。安德洛波夫雖無外交經驗，卻進入外務部工作，在1956年的匈牙利事件（蘇聯軍隊入侵引發巷戰的重大事件）中，他以大使的身分發揮重要的功能。後於1967年出任KGB主席，但這並非他的專長，大部分都是靠自學來充實自己，似乎是個充滿活力、頭腦不錯的人。儘管為改革闢出一條道路，卻在KGB時期實施從刑事犯罪到文化控制的嚴厲政策，大概是因為討厭混亂的緣故吧？培養戈巴契夫成為接班人這一點可能具有諷刺意味。

打擊腐敗、壓制言論

1982年11月10日，莫斯科廣播電臺暫停向國內外播放的一般節目，開始放送莊嚴肅穆的古典音樂。這個消息很快地傳遍全世界，人們因此得知列昂尼德・布里茲涅夫去世。

擔任葬禮委員會主席的是尤里・安德洛波夫，這件事所代表的意義不言而喻。令人聞風喪膽的KGB主席，將成為下一任蘇聯領導人。

出於史達林時代放任治安機構濫用職權的反思，赫魯雪夫規定治安機構的負責人不得進入政治局。

KGB（國家安全委員會）之所以是低於部會的「委員會」，就是這個原因。組織的負責人只能擔任主席，而非部長。然而，布里茲涅夫卻打破這項慣例，於1973年提拔安德洛波夫成為政治局委員。

安德洛波夫生於1914年，其父親是畢業於莫斯科鐵路運輸大學的鐵路員工，母親是芬蘭出身的音樂老師，但戶籍上卻記載著她是莫斯科一位富裕的猶太珠寶商的養女。

因為這層關係，使得安德洛波夫在KGB時代

康斯坦丁·
烏斯季諾維奇·
契爾年科
(1911～1985)

成為蘇聯領導人時
已經命在旦夕，
真是賣命…

呼
呼

當時的
大人物們。

還來不及幹出什麼大事就去世了，存在感極其薄弱的人。成為共產黨幹部後，過了30歲才開始接受教育。在史達林時代的蘇聯，像這樣進入社會後再接受高等教育是非常普遍的現象。年輕時就去莫斯科大學接受菁英教育……這樣的蘇聯領導人其實是在戈巴契夫之後才有出現，看來蘇聯確確實實是工人的國度。契爾年科是布里茲涅夫晚期將老人政治發揮到淋漓盡致的人，政治停滯不前，甚至被當時的英國電影當成笑柄…啊，實際上並沒有副總書記這個職位。

摘自
《大慘事
世界大戰》。

總書記他！
腳步匆促
快叫
副總書記！

葛羅米柯 (1909～1989)

擔任外長28年的蘇聯門面，別名「否決先生 (Mr.Нет)」。契爾年科去世後，他推舉戈巴契夫擔任總書記。

(右起) 阿利耶夫、庫納耶夫、拉希多夫

他們分別是亞塞拜然、哈薩克、烏茲別克的黨書記，均為占據該職位二十餘年的地方大老，可說大權在握。阿利耶夫甚至在蘇聯解體後當上亞塞拜然總統，統治長達30年以上，是個手腕高明的大叔！

烏斯季諾夫 (1908～1984)

1976年開始擔任國防部長，將安德洛波夫和契爾年科推上總書記寶座的實力派。原本是軍需產業的專家，並非道地的軍人。

蘇斯洛夫 (1902～1982)

儘管在安德洛波夫成為總書記前就辭世，仍是不可忽視的要角。在負責意識形態的工作上，展現非凡的才幹，是一位堅定的史達林主義者。

怎麼都是
一群
大叔啊…

得到「珠寶商（Ювелир，發音為yuvelir）」的綽號，也有可能是其名字尤里的雙關語俏皮話。

布里茲涅夫的去世，成為這顆「寶石」受到關注的契機。

當時蘇聯的情況十分嚴峻，工廠裡無故曠工已經成為家常便飯。為了避免生產目標增加，人們故意破壞生產設備，再慢吞吞地修理來拖延時間，這樣的情況並不罕見。

貪污腐敗在基層警察中也很猖獗，取締交通違規變成向司機索賄的賺零用錢手段。

產業方面，不僅物資短缺，能源也經常不足，

停電或停止供氣更是常有之事。

安德洛波夫積極維持紀律和杜絕腐敗。另一方面，人權運動與反體制活動也日益活躍，言論和思想的控制刻不容緩。安德烈·沙哈洛夫（Andrei Sakharov）被流放國內，索忍尼辛被流放海外也是在這段時期。

局勢在1982年出現轉折。1月19日，被布里茲涅夫任命負責監視安德洛波夫的謝苗·茨維貢舉槍自戕。官方紀錄稱茨維貢患有癌症，由於癌細胞已經轉移到腦部，因此感到絕望而選擇自殺，但也有其他的證詞。

克里姆林宮的衛兵交接儀式。不彎曲膝蓋、高抬腿踢正步，這種步法據說是受到普魯士的影響。步槍只平放手心上，不得用肩膀等部位支撐。裡頭是否裝填實彈則不得而知。

安德洛波夫掌握了茨維貢的貪污證據，並當面告訴他要去揭發這件事。聽到安德洛波夫說一旦定罪將被判處死刑，茨維貢留下一句「給我一點時間想想」後便回家，不久便傳出自殺。

不管真相如何，對布里茲涅夫來說，茨維貢的死著實令他萬分震驚。然而，他與家人都沉溺在超乎蘇聯一般市民想像的窮奢極欲生活，況且政治局內還有蘇斯洛夫這個元老級的重量人物，將所有的告發都盡皆壓制下來。

這種腐敗情況對安德洛波夫來說肯定難以忍受，而蘇斯洛夫也在1月25日去世，時間距離茨維貢自殺還不到一週，感覺時間點未免有些太過巧合。

揪出職場脫離者以提高生產力

安德洛波夫讓滿是老人且功能失調的政治系統一夕之間年輕化。75歲以上的幹部被迫強制退休，人事大洗牌。聯邦政府的內閣官員有兩成、各共和國的黨幹部有兩成五、地方和州的黨幹部也有兩成遭到替換。

在安德洛波夫的改革下，官僚和黨幹部的貪污接連被揭發，據說有一半的交通警察遭到開除。工廠和農莊的經營者必須按照嚴格的規定達成生產計畫，並搜查出在工作期間擅離職守的「職場脫離者」成為字面所述的人肉搜索。

從此，在蘇聯境內的懶惰者再也無所遁形，經營者也無法隨便敷衍搪塞過去；不過，安德洛波夫在加強企業責任的同時，也不忘強化其自主能力。事實上，蘇聯的工業產量在改革的短短一年內就有顯著的提升。

安德洛波夫也做了一些受老百姓歡迎的事，例如調降伏特加的價格等。值得一提的是，他還首次出版針對國中小學的意第緒語教科書，

這對蘇聯的猶太人來說是一個劃時代的創舉。這些教科書以精美的彩色印刷裝幀，不僅作為語言教科書，也蘊含培養孩童美學意識的目的。

在外交方面，儘管當時美國總統隆納・雷根（Ronald Reagan）稱蘇聯為「邪惡帝國」，但安德洛波夫也收到美國一位名叫珊曼莎・史密斯（Samantha Smith）的女孩的一封信。

她在信中提出「美國和蘇聯會爆發核戰爭嗎？」這麼一個簡單的問題。安德洛波夫回信後，以國賓的禮遇邀請這位女孩訪問蘇聯，可惜當時安德洛波夫的病情已經惡化，無法與她見面。原本打算全力推動改革的安德洛波夫，可惜時不我與。

他最終於1984年2月9日辭世。

安德洛波夫也是一位熱愛歌的文人，即使在俄羅斯聯邦的今日仍受到高度評價。現在名為彼得大帝號的基洛夫級飛彈巡洋艦四號艦，一開始是命名為尤里・安德洛波夫號。

即便安德洛波夫身體健康，恐怕也無法解決蘇聯所面臨的問題。不過，他讓其他人看見帶來希望的願景。

改革成功的話，或許在步入21世紀的今天，西方社會就得面對令人生畏的社會主義陣營。

在日本莫名其妙地成為漫畫主角

安德洛波夫去世後，由康斯坦丁・契爾年科（Konstantin Chernenko）接任總書記一職。昔日關注蘇聯的日本讀者說不定還記得片山雅之曾推出一部名為「伏特加時光」的漫畫。

聯邦代表徽章，也就是所謂的議員徽章，背面刻有流水序號。15個共和國和自治共和國的議會也有制定，皆以共和國旗作為設計主題。

這樣的企畫是如何通過審查的，至今仍是個謎，不過本書也有幾分類似，至於這部分就別太在意了！

契爾年科是資深的共產黨員，擁有廣泛的人脈，雖然為人低調，卻深受官僚的歡迎。在論資排輩、派系平衡與避事主義的結合下，共產黨內的問題往往會一再拖延，在這樣的環境下有這樣的人登上最高權力的寶座，實屬難得。

因為安德洛波夫而失去既得利益的勢力，對契爾年科抱持一絲期待，希望他能幫忙眾人回到過去的美好時光。

然而，契爾年科卻是一個「不會踩下改革的剎車，甚至衰弱得連油門也無力踩下的老人」。當然，不能期待他做出讓大家回到布里茲涅夫時代的舉措。

事實上，安德洛波夫意識到自己已經時日無多，任內已將大部分的工作都交給年輕人處理。

代表人物共有三人，分別是利加喬夫（Yegor Ligachyov）、雷日科夫（Nikolai Ryzhkov），還有戈巴契夫（Mikhail Gorbachev）。契爾年科也不再耍小動作，而是將工作全交給年輕書記處理。

放棄權力鬥爭遊戲的契爾年科，在最高會議只是委婉地批評布里茲涅夫，同時讚揚安德洛波夫帶來的社會變化，這次保守的演說讓保守派大感失望。

儘管如此，他也即將迎來生命的終點。閱讀堆積如山的報告、討論國家的經濟政策、加強與盟國的合作、制定保衛國土免受美國帝國主義挑釁的戰略。

契爾年科的身體已無力再處理這些。

就這樣，契爾年科的任期僅僅維持了13個月。

沒有人表示讚賞，也沒有人批評。在新聞報導中，妻子安娜夫人於葬禮上多次親吻他的遺體，夫妻之鶼鰈情深，由此可見一斑。同時，鏡頭也記錄下令人玩味的一幕，目送丈夫靈柩的夫人，於胸前畫了十字。

總之，即使將安德洛波夫與契爾年科的時代互換，蘇聯也不會出現什麼改變。

俄羅斯聯邦安全局總部位於莫斯科的盧比揚卡。這裡是前KGB總部，牆上掛著安德洛波夫的肖像。雖然一旁有警官盯梢，但拍照沒有問題。建議不妨拍個照作為莫斯科觀光的紀念。

津久田

速水

雖然蘇聯的領導階層全是遲暮之年的老人，但發表長達數小時的演講，或是頂著寒風站在列寧墓前閱兵，仍是非常重要的工作。這不僅攸關性命，對於本人和人民都是一種折磨。

戈巴契夫的改革

最後的蘇聯領導人，也是最後的布爾什維克。西方國家給戈巴契夫「戈比（Gorby）」這個暱稱，將他視為受歡迎的角色。但對蘇聯公民來說，並非全是好事……。

Михаил Сергеевич Горбачёв

米哈伊爾 謝爾蓋耶維奇 戈巴契夫

事實上，他是蘇聯首位正統知識菁英出身的領導人！

長相相似的人常出現在電影或廣告中……

戈巴契夫於1985年以年輕鮮明的形象成為蘇聯共產黨的總書記，當年的他只有54歲（即使按照現在的標準，作為一國領導人也相當年輕），與之前的布里茲涅夫、安德洛波夫、契爾年科這些老總書記相比之下…戈巴契夫精力充沛、談吐俐落、步伐矯健，讓蘇聯人民無不感受到新時代的到來。與蘇聯、克里姆林宮這些沉重感不同，他那平易近人的開朗表情令人印象深刻。不過，正如葛羅米柯所評價「這個人燦爛笑容的背後有著鋼鐵般的意志」，戈巴契夫為了裁軍和蘇聯改革而努力奮鬥。不過在戈巴契夫剛上任之初，也有人因為不瞭解而懷疑他是「試圖以溫和的形象來欺騙西方」……

優雅的賴莎（Raisa Gorbacheva）夫人也間接促成戈巴契夫在西方的人氣。以往的總書記夫人都給人一種典型俄羅斯大媽的感覺。

維多利亞·布里茲涅娃

尼娜·赫魯曉娃

蘇聯首位大學畢業的領導人

1985年3月11日下午2點，蘇聯國營通訊社塔斯社報導了契爾年科總書記辭世的消息。僅僅四個小時後，就對外宣布由米哈伊爾·戈巴契夫出任總書記。

相較之下，安德洛波夫是在兩天後、契爾年科在四天後才宣布就任，可見這次的任命速度非比尋常。而且戈巴契夫才剛在一周前迎來54歲的生日。

戈巴契夫在1931年出生於俄羅斯南部斯塔夫羅波爾地區的普里沃利諾耶村。

這裡離安德洛波夫的家鄉納古茨卡亞村只有幾公里遠，而且在第二次世界大戰期間，蘇斯洛夫領導的游擊隊也曾在這個地區活動。

安德洛波夫是前任總書記，蘇斯洛夫是負責意識形態的重要人物，兩人從史達林時代到布里茲涅夫時代都是權勢顯赫的人物。與他們之間的關係成為戈巴契夫重要的人脈。

由於當時的共產黨員受到史達林大清洗而銳減，為了填補資深黨員留下來的空缺，年輕的戈巴契夫成為黨內急需補充的新世代黨員之一。在

1988年
從阿富汗撤軍。
1990年
麥當勞在
莫斯科開幕！

ПЕРЕСТРОЙКА ГЛАСНОСТЬ

戈巴契夫接手的蘇聯經濟正處於搖搖欲墜的狀態。效率低下的制度、沉重的軍事預算…他憑藉年輕活力全心投入工作當中，但也有白忙一場的時候，例如他一開始推動的禁酒令。

伏特加對於勞動和健康的負面影響已然成為社會問題，然而這項運動卻招致人們的不滿，反而讓飲用私酒或工業酒精的人激增。（雖說如此，但對健康的效果十分顯著，據說這段時期的平均壽命大幅延長…原來酒精帶來的危害有那麼大啊），總之改革要繼續進行下去。

提高企業的自主性，允許個人經營…等等都是改革；加上與民眾分享社會問題，激發活力的資訊開放政策，這些都成為戈巴契夫內政的象徵。

另一方面，為了減少軍事開支，與美國共同推動裁減核武並結束冷戰，減少對東歐的干預，促進共產主義國家的民主化（對東歐的共產黨領導人來說，可能會覺得事到如今幹嘛自作主張），並推動東西德統一。經過這些改革，蘇聯的國力仍未能恢復…改革造成經濟混亂，保守派抵制，開放政策雖然讓言論變得活躍起來，但長期鬆動的民族問題也跟著爆發，此後蘇聯就像融化一樣逐步走向解體。戈巴契夫雖然一直致力於創造新的蘇聯，卻無力獨自解決74年來的矛盾。與西方的評價不同，他在當今的俄羅斯被視為最不受歡迎的「亡國領導人」，人們批評他優柔寡斷、天真…但如果他是那麼軟弱的人，根本沒辦法成為蘇聯共產黨的領導人，更不可能承認蘇聯的弱點並推動縮減軍備。

戈巴契夫改變了世界，是名垂青史的偉大領導人。俄羅斯隨後邁入新的破壞者葉爾欽的時代…。

當時的俄羅斯領導層拒絕承認自己是蘇聯，但普丁上台後又再次吹捧蘇聯，總覺得有點錯亂……

黨的推薦下，他進入莫斯科大學就讀，從法學院畢業。

雖然不能以學歷來判斷一個人，但戈巴契夫是唯一大學畢業的蘇聯領導人。

之後，戈巴契夫回到斯塔夫羅波爾地區，很快便嶄露頭角。年僅40歲就被選為地方黨中央委員會的成員。當然，背後有蘇斯洛夫和安德洛波夫的支持。

順帶一提，在這段時期，出現一個很有戈巴契夫風格的軼事。

戈巴契夫對肥沃黑土帶的農業生產力低落感到

疑惑，於是下令進行實地調查，才發現是沉重的大型曳引機履帶壓實了土壤，導致農作物難以生長。他隨即呼籲開發更輕便的曳引機，但由於蘇聯的曳引機工廠是由戰車工廠兼營，因此遭到控制生產線的軍方強烈反對。

最終，戈巴契夫的農業建議未能實現，但他不顧軍方利益的作風，或許間接促成了後來的裁軍政策。

後來終於成為蘇聯最高領導人的他，隨即著手進行政府的人事安排。

戈巴契夫提拔愛德華·謝瓦納茲（Eduard

「車諾比核災」是戈巴契夫總書記上任後面臨的第一個考驗，此為授予處理事故人員的紀念勳章。上面的紅色水滴象徵血液，並有寫著 α、β、γ 的虛線貫穿其中，可說是窮凶極惡的設計。

Shevardnadze）為外交部長，他是前喬治亞共和國的KGB主席，兩人的交情可以追溯到1958年，關係匪淺。

KGB主席由安德洛波夫招募的切布里科夫（Viktor Chebrikov）留任，內務部長則由前KGB主席費多爾丘克（Vitaly Fedorchuk）調任。大致上看來，大部分的人屬於出生時蘇聯已經成立的「蘇聯世代」，而且他們還有一個共同點，那就是「不怎麼喝酒」。

啟動改革開放

戈巴契夫的政策主要包括三個基本方針：經濟改革、資訊公開、民主化，這些就是所謂的「改革開放（重建）」。

聽完就職演說的代議員，不吝惜地給予如雷貫耳的掌聲。到這裡都是按照劇本進行，但戈巴契夫又補上一句「如果站在我身後的同志也能給我掌聲的話，應該會進展得更順利」，以此尋求當時還坐在台上的老幹部們的支持。

代議員們聽到這番話也不禁笑了出來，場內充滿和諧的氣氛。但是，當時他們還不明白要改革蘇聯會有多麼困難，不幸的是，其中也包括戈巴契夫本人。

1986年，兩大打擊襲擊蘇聯經濟，那就是石油價格暴跌和車諾比核電廠事故。事故善後需要大量的預算，但蘇聯已經無法指望原油出口帶來的外匯收入，國力大大削弱。

戈巴契夫為了透過民間的活力重振經濟，允許設立合作社形式的私營企業。這導致餐飲和服務業等行業爆炸性增長，尤其是有利可圖的外國觀光客生意。

只要對廚藝很有信心，並且有採購的管道，就能將倉庫改造成餐廳。如果有車又會說英文的話，就能成立觀光導覽公司。

雙方攜手合作，即可向旅行社推銷參觀完博物館和美術館後到餐廳用餐的觀光行程。

這樣的合作創造出經濟的新動能。在資本主義中這是天經地義的事情，商品會湧向能高價出售的地方。合作社採購價格的上漲拉抬了市場價格，引發每年20％至30％的通貨膨脹。

此外，由於廣泛允許與西方企業的合資，導致西方產品大量湧入，這也導致巨額的貿易逆差。

一直以來習慣順從忍耐的蘇聯公民，這次終於爆發不滿。

諷刺的是，擴大言論自由作為資訊公開的一部分，卻反而招致公開的體制批判。共產黨的保守派也以民主化的名義，進而對改革開放的失敗群起攻之。

也有不少人在接觸到外國資訊後，對蘇聯低下的生活水準感到震驚。唯一能與美國抗衡的超級大國，這樣的自豪感完全破滅。

很快地，聯邦結構也開始出現動搖。

同為加盟共和國的亞美尼亞和亞塞拜然，因為納戈爾諾·卡拉巴赫的歸屬問題而發生激烈的對立，後來演變為民族衝突。戈巴契夫別無選擇，只能派遣安全部隊，以武力介入調停。

1988年12月，亞美尼亞發生了大地震，死亡人數超過25,000人，40萬人無家可歸。可悲的是，即使面對這場前所未有的災難，兩國人民仍不願攜手合作，對立持續至今。

在西方社會大受歡迎！

1993年於莫斯科拍攝，呼籲恢復蘇聯共產黨的集會。參加人數不多，偶爾有年輕人的身影，完全不見超級大國統治時期的風采。經過的路人沒什麼反應，圍觀群眾也覺得有些無趣。

戈巴契夫的領導能力日漸衰微，但西方社會仍給予他支持。他的著作《改革開放》在日本由講談社出版，大型出版社出版現任蘇聯領導人的著作可以說前所未聞。

這足以說明當時全世界對戈巴契夫這個人非常感興趣。

儘管這個「戈比熱潮」一直沿續至今，但必須注意的是，戈巴契夫個人受歡迎的程度未必等同對社會主義的認同或共鳴。

更確切地說，許多人的想法可能比較趨向「蘇聯也出現了一位與我們的價值觀相近的領導人」。

說得直白一點，可以說戈巴契夫的政策理念過於崇高，從一開始就與蘇聯的現狀脫節。

時間到了1990年，戈巴契夫被授予諾貝爾和平獎，他在減少核武、結束冷戰、促成德國統一的貢獻受到肯定。

然而，他也無法逃過「獲得諾貝爾和平獎的政治家都不是好東西」的魔咒。

隔年1月，蘇聯的特種部隊襲擊了宣布獨立的立陶宛和拉脫維亞，導致平民的傷亡，此舉招致全球譴責，波羅的海三小國的獨立勢不可擋。

共產黨內部也開始出現分裂。

激進改革派認為戈巴契夫的改革過於溫和，保守派則希望回到布里茲涅夫時代，夾在兩方中間的戈巴契夫因此動彈不得。

此時，改革派的鮑利斯·葉爾欽（Boris Yeltsin）崛起，焦慮的保守派發動政變。這個計畫僅僅三天就宣告失敗，但戈巴契夫的無力已經是人盡皆知。

共產黨失去支持，蘇聯就這麼輕易地崩解。相信社會主義的未來和可能性的共產黨員，他們的夢想最終以最糟糕的方式結束。

戈巴契夫後來以自己創立的基金會作為據點活動，可是，俄羅斯幾乎沒什麼人支持他。基金會的資金多半來自西方的企業和新興宗教團體。最後的布爾什維克是由資本家和宗教支持，這實在是非常諷刺的一件事。

看到曾經擔任蘇聯總書記的人在日本綜藝節目上喝羅宋湯的樣子，感覺心情五味雜陳。他在訪日期間還搭乘山手線移動，聽到這件事讓我更加驚訝。

津久田

速水

戈巴契夫在當今的俄羅斯已完全不受歡迎，我很好奇他的家鄉斯塔夫羅波爾是如何看待他的。史達林在喬治亞仍是觀光資源，我想應該要親自去確認一下。

冷戰與崩潰

任何事物都有結束的時候，國家也不例外。在國家因為經濟問題和民族衝突而陷入困境之際，政變爆發了。一度被視為與美國並駕齊驅的超級大國，竟在一夕之間土崩瓦解。

Борис Николаевич Ельцин

鮑利斯・尼古拉耶維奇・葉爾欽
耶利欽的發音更接近原文。

對酒情有獨鍾的他有一籮筐喝醉的軼事…。

鮑利斯・葉爾欽是宣告蘇聯終結的男人，俄羅斯共和國的第一任總統，熱血的破壞者，善於抓住機會，時而看似野蠻的強硬，這樣的作風必讓老練的戈巴契夫經常感到焦慮吧。或許葉爾欽是對運作不良、效率不彰的蘇聯看不過去，但他也是在布里茲涅夫時代躋身為共產黨幹部的行列，只是現在回想起來，感覺有些奇怪…。

葉爾欽認為俄羅斯已無暇顧及中亞等地，於是推動蘇聯解體，並獲得廣泛支持。不過當他就任新生俄羅斯總統後，聲望卻每況愈下。經濟動盪之中，為了維持權力，選擇與新財團勾結；與此同時，他本人並沒有展現領導能力，反而是少數的親信掌握權力恣意妄為…。

不過，混亂的葉爾欽時代也是俄羅斯史上罕見的媒體自由時期。當今對90年代抱持肯定態度的知識分子並非安靜的一群人，雖然一般老百姓過得很辛苦…。葉爾欽於2007年去世，他的墓碑設計成俄羅斯國旗的樣式。

當政者的風評不佳也意味著可以隨心所欲地對他們大肆批評！

★**Слишком поздно, это СССР!**

從蘇聯到俄羅斯

　　1990年3月15日，戈巴契夫正式就任蘇聯第一任總統。面對瀕臨崩潰的經濟、波羅的海三小國的獨立問題、高加索的種族紛爭等重重難題，他認為需要導入擁有更強大權力的總統制才能有效解決。

　　然而，戈巴契夫其實是個優柔寡斷的人，他認為「動用武力將失去改革開放的理念」，因此無法像弗拉迪米爾・普丁（Vladimir Putin）那樣泰然自若地做出決斷。這導致獨立派與民族主義者的氣焰愈來愈囂張，保守派的批評也日益加劇。

　　在這種情況下，鮑利斯・葉爾欽開始受到關注。他原先是改革開放的熱情支持者，卻因成效乏善可陳而愈發焦慮，於是轉向支持激進的改革派。他的矛頭不僅指向保守派，甚至還直指戈巴契夫本人。

　　葉爾欽逐漸和戈巴契夫疏遠，最終被解除所有職務。而且後來接替他的都是保守派的黨員。葉爾欽覺得遭到戈巴契夫背叛，決定以自己的方式推動改革。1990年5月，葉爾欽出馬角逐俄羅斯蘇維埃聯邦社會主義共和國（以下簡稱俄羅斯共

黑幫趁著
社會體制搖搖欲墜
大幅擴展勢力。

儘管現在的俄羅斯
是從否定蘇聯出發點，
然而普丁政權卻藉由
蘇聯的優點來宣揚
俄羅斯的國威，
這實質上是
一種投機取巧。

1991至1999年的葉爾欽時代，俄羅斯正處於風雨飄搖、動盪不安的時期。人們以為自由經濟會帶來美好的未來，結果經濟卻是千瘡百孔，失業率不斷上升。軍隊缺乏飛機燃料，潛艇也被棄置一旁；公務員薪資拖欠，貪污成為日常。地方與中央漸行漸遠，尤其車臣實際上獨立…甚至有西方媒體大膽預測90年代初期可能會出現餓死者，但頑強的俄羅斯社會並沒有陷入如此窘境，實在很了不起！

避免陷入大規模
內戰的俄羅斯很厲害？

儘管自殺人數不斷增加，醫療體系崩潰，平均壽命一落千丈……。另外，不顧財政亂七八糟的政府，透過將國有財產私有化，新興財團開始崛起。

葉爾欽也曾與議會對立，甚至在1993年下令砲擊議會大樓。不過，當時參與這起事件的許多議會成員後來都重返政壇，使得葉爾欽陷入腹背受敵的困境，足見他與徹底摧毀政敵的普丁在手法上略有不同。接著也談談與蘇聯有關的俄羅斯以外的事情吧。早前獨立的波羅的海三小國，煩惱著該如何與俄羅斯往來，後來逐漸向西方靠攏，最終加入北約。在中亞和高加索地區，一些國家陷入內戰，其中蘇聯時代的領導人仍舊大權在握。哈薩克的納扎爾巴耶夫（Nursultan Nazarbayev）夫總統從1990年開始掌權，直至2019年。還有像是延續半個蘇聯的白俄羅斯，以及在努力整合國家的過程中摸索民主主義的烏克蘭……（順帶一提，烏克蘭的經濟就像是延續葉爾欽時代一樣糟糕透頂）。

健康狀況不佳且失去支持的葉爾欽，在1999年12月31日突然宣布辭職，並指定四個月前才被任命為總理、年紀輕輕且默默無聞的普丁為繼任者。葉爾欽瀟灑下台的身影，彷彿讓人感覺到他重拾昔日的風采。

普丁之前的俄羅斯總理，大家還記得有誰嗎？切爾諾梅爾金（Viktor Chernomyrdin）、基里延科（Sergey Kiriyenko）、普里馬科夫（Yevgeny Primakov）、斯捷帕申（Sergei Stepashin）…。

ПУТИН

蓄勢待發

和國）的最高蘇維埃主席，漂亮地贏得選舉。議會中支持葉爾欽的代表也占了多數，類似職位的幹部主席遭到廢除。

俄羅斯共和國是15個聯邦加盟共和國之一，大部分的國土和歷史都與蘇聯重疊。兩者就宛如雙胞胎或俄羅斯娃娃一樣，是個奇妙的雙重國家。只不過，它的地位被刻意降低。

前任的最高蘇維埃主席尼古拉·格里巴喬夫（Nikolay Gribachyov）是詩人和作家，更前一任的弗拉基米爾·科捷利尼科夫（Vladimir Kotelnikov）是專攻無線電技術的工程博士。總

之，這個職位與克林姆林宮的權力鬥爭無關，也不需要政治手腕，比較像是一種榮譽職位。

但是，葉爾欽迅速採取行動。他宣布俄羅斯共和國獨立，並表示其憲法與法律優先於蘇聯。他本人也退出共產黨以表明決心。

另外，他還通過以總統取代最高蘇維埃主席成為最高領導人的法案，並立即舉辦選舉，最終獲得過半數的選票當選總統。

這在帝俄到蘇聯的悠久歷史中還是第一次。

原因在於戈巴契夫是人民代表投票產生，而非通過直接選舉。反觀由選民直接表達意願而誕生

俄羅斯聯邦議會大廈，俗稱「白宮」。這座建築象徵著八月政變和隨之而來的動盪，如今俄羅斯的政治舞臺又回到克里姆林宮，白宮幾乎不再是新聞焦點。

的葉爾欽總統，向國內外展現出比戈巴契夫更強的向心力。

有人說這是因為葉爾欽事先退出共產黨才能辦到，但反過來看，對於無法放棄共產黨的戈巴契夫來說，這是從一開始就無法實現的戰術。

計畫性地發動政變！

1991年8月19日，蘇聯的電視與廣播的報導稱「戈巴契夫總統病倒，無法履行職務」，但當時戈巴契夫正在克里米亞的別墅度假，情況與赫魯雪夫下台時如出一轍。

戰車和裝甲車陸續開進莫斯科市內，據說其中大多數是內務部捷爾任斯基師團所屬的部隊。隨後突然出現一個名為「國家緊急狀態委員會」的組織。

組織的代表是副總統亞納耶夫（Gennady Yanayev）。他與內務部長普戈（Boris Pugo）等人一起舉行記者招待會，但鏡頭前的亞納耶夫卻滿臉通紅，眼睛布滿血絲，眼神渙散不定，雙手不停顫抖。

這是因為他才剛喝完一瓶伏特加。身為委員會成員的總理帕夫洛夫（Valentin Pavlov）和國防部長亞佐夫（Dmitry Yazov）都未出席，因為兩人徹夜暢飲威士忌，已經醉得不省人事。這就是政變派第一天的樣子。

他們以為只要排除戈巴契夫這個障礙，人民就會轉而支持自己。只要恢復肉類和蔬菜的供應，降低伏特加的價格，沒有錢就印鈔，這樣的話應該馬上就會獲得大眾的支持……。

然而，在發動政變之後，他們完全被眼前的景象嚇壞了。

另一邊，葉爾欽固守在俄羅斯共和國的議會大樓內，大批民眾開始聚集，並在周圍設置了路障。莫斯科軍區的精銳部隊塔曼近衛師的戰車被派遣過來，卻在葉爾欽的勸說下倒戈。

坎捷米羅夫卡第4近衛坦克師與庫賓卡空軍基地皆拒絕出動。KGB特種部隊阿爾法小組也持相同態度。圖拉空降師表示中立，並密切監控雙方的通訊。

很快地，俄羅斯共和國的所有蘇聯軍隊都接受葉爾欽總統的指揮。北極海有兩艘潛艇甚至無視海軍司令部的指揮浮出水面，也向葉爾欽發出合作的訊息。

在這段期間，悲劇發生了。8月21日凌晨零時，內務部的部隊於市內與群眾發生衝突，造成多人傷亡。這起事件讓治安部隊產生動搖，指揮官下令停火，命部隊撤退。

上午11點，俄羅斯共和國議會向亞納耶夫等人發出最後通牒，要求無條件投降。

他們在驚慌失措之下，竟向戈巴契夫求助，大概是告訴戈巴契夫說「這只是個惡作劇，請當作沒這件事」吧。然而，戈巴契夫也一樣不懂得察言觀色。

他天真地以為平安回到莫斯科後，權力將會回到自己的手上。不僅如此，他仍然執迷於共產黨所主導的改革。葉爾欽在惱火之下，簽署了禁止蘇聯共產黨在俄羅斯境內進行所有活動的法令，讓戈巴契夫認清事實。

20世紀最大實驗的終結

比較1985年和1991年的蘇聯經濟指標，黃金儲備量降為十分之一以下，對外債務增加了四倍

莫斯科特產，領導人的俄羅斯娃娃。娃娃的價格隨著內套娃娃的數量多寡而不同。這張照片的娃娃是便宜貨，所以省略了赫魯雪夫、安德洛波夫和契爾年科。由於是一件業障深重的商品，如果是狂熱的蘇聯迷，反而會錯過機會購買這個俗氣的伴手禮。

以上，盧布兌美元的匯率下跌到140分之1。這就是改革開放的收支結算表。

這個奄奄一息的大國未來該何去何從？

此時發揮關鍵作用的是俄羅斯、白俄羅斯和烏克蘭三個國家，它們都是蘇聯的主要加盟共和國。若以德川將軍家來比喻蘇聯共產黨，這三個國家就相當於御三家。三個國家的領導人分別是鮑利斯・葉爾欽、斯坦尼斯拉夫・舒什克維奇（Stanislav Shushkevich）、列昂尼德・克拉夫朱克（Leonid Kravchuk）。

在他們的推動下，創立了名為「獨立國家國協（CIS）」的國家聯盟，以便逐漸取代蘇聯。

CIS的原型是原定於1991年8月20日簽署的「新聯邦條約」，這個條約原本是戈巴契夫所提出，旨在大幅削減蘇聯領導階層的權力，期望讓各加盟共和國於獨立後仍然是聯邦的一部分。

然而，這場政變讓一切全化為泡影。因此，首先由三個國家同意創立CIS，作為妥協方案。值得一提的是，這時戈巴契夫仍是蘇聯的領導人，

儘管他拚命反對成立CIS，卻無人理會。

雖說如此，CIS其實是一盤散沙，烏克蘭也遲遲未按約定正式加入。雖然時至今日依然存在，但受益的又有誰呢？如果說CIS有其存在意義的話，那就是向擔心「蘇聯的核武器由誰管理？」的國際社會提供答案。事實上，核按鈕是移交到葉爾欽的手上。

1991年12月25日，蘇聯正式解體，現在的俄羅斯聯邦成立，葉爾欽成為首任總統。

一個國家在沒有戰敗的情況下滅亡，這種事可以說相當罕見。之所以能在八月政變後短短四個月內走到這一步，是因為15個加盟共和國都擁有自己的議會、法院、行政機構，勉強具備作為獨立國家的形式。雖然只是追認中央決策的組織，但確實負責執行實際事務，並非沒有這方面的能力。

但反過來說，這是唯一順利的地方。由於改革失敗所激化的社會矛盾和民族問題仍隨之延續，這些都留待葉爾欽，不對，是留待普丁解決。

在亂世中誕生的英雄，取得權力後逐漸變得腐敗。連原先鼓掌喝彩的民眾也開始加以否定，最後黯然下台。不僅葉爾欽如此，CIS（獨立國家國協）的其他領導人，一生似乎都遵循著這個宛如英雄故事般的典型劇情。

津久田

速水

衝動且嗜酒的葉爾欽是如何在蘇聯共產黨這個超嚴肅的組織中出人頭地，實在令人非常好奇。在戈巴契夫上台前，他已經當上了中央委員，據說布里茲涅夫很看好他。

★ 來賓專欄　**大野典宏**

社會主義與反社會主義科幻作品

　　蘇聯政府主張社會主義是人類社會的最終進化形態，因此政府必須以各種方式向國內外宣揚社會主義的偉大之處。

　　在俄羅斯，文學和電影一直是最能打動民眾的手段。這方面以電影導演謝爾蓋・艾森斯坦（Sergei Eisenstein）及俄羅斯前衛藝術的核心人物弗拉基米爾・馬雅可夫斯基（Vladimir Mayakovsky）等人較為著名。

　　這兩位都表達對「俄羅斯革命和共產主義」的支持，其表現方式得到全世界的認可。其中，在俄羅斯最廣泛閱讀、用來啟蒙社會主義的社會主義科幻作品便應運而生。

　　積極地將社會主義融入科幻作品中進行宣傳，推動啟蒙並獲得世界性成功的作家，以亞歷克賽・托爾斯泰（Aleksey Tolstoy）和伊萬・葉夫列莫夫（Ivan Yefremov）這兩人最具代表性。

　　托爾斯泰的作品包括《火星王后（Aelita）》、《加林工程師的雙曲線》等；葉夫列莫夫的作品包括《仙女座星雲》、《丑時》等。

　　這些社會主義科幻作品並非毫無意義，反而取得相當大的成功。當時的社會主義科幻作品確實在歷史上留下成果。

　　問題在於後面的發展。蘇聯政府只允許發表這類社會主義科幻作品。由於科幻作品在蘇聯十分暢銷，因此平庸的作家也跟著寫出類似的作品，比如「社會主義者戰勝帝國主義者」這種老套的故事，結果造成「看什麼作品內容都一樣」的糟糕結果。早期的斯特魯伽茨基兄弟（Arkady and Boris Strugatsky）即使在這樣的環境下，也發表了開創性的作品，獲得堅定不移的人氣。

　　然而，蘇聯政府的失策以及言論控制也引來日益強烈的反彈。科學發展會給人類帶來充滿希望的未來社會，開始出現一些無法接受這種政治宣傳的作家。

　　其中最有名的當屬米哈伊爾・布爾加科夫（Mikhail Bulgakov）。他在《命運之卵（Роковые яйца）》和《狗心（Собачье

《火星王后》的日文版標題為《前往火星的地球人》（作者：托爾斯泰／譯者：西原久史郎，講談社）。

「大師與瑪格麗特」是在去世後才發表，並被視為其代表作（作者：布爾加科夫／譯者：水野忠夫，岩波文庫）。

сердце）》等作品中對科技抱持懷疑態度，被蘇聯政府視為半社會主義作品。事實上，布爾加科夫的代表作《大師與瑪格麗特》，其內容肯定會被查禁，所以一直祕而不宣，直到他去世後才首次公開發表並獲得認可，如今，《大師與瑪格麗特》被譽為俄羅斯最偉大的科幻作品。

　　此外，斯特魯伽茨基兄弟也在六十年代開始在作品中表達對政府的反抗，因此有多部作品都被禁止發行，甚至連最後的作品《毀滅之都（град обреченный）》也被隱藏起來。

　　這部作品直到改革開放後才得以問世，被譽為「現代俄羅斯科幻作品的起點」。

　　隨著蘇聯解體，墨守成規的社會主義科幻作品逐漸式微，被新的俄羅斯科幻作品所取代。

大野典宏　作家、翻譯家（俄文／英文／波蘭文）。主要譯作包括《星際日記（The Star Diaries）》（作者：史丹尼斯瓦夫・萊姆／譯者：深見彈・大野典宏，早川文庫SF）等。也撰寫許多與IT和格鬥技相關的文章。

第 4 章 成為蘇聯軍人吧

★ СЛИШКОМ ПОЗДНО, ЭТО СССР!

成為蘇聯軍人吧

其1 蘇聯地面部隊的祕密

提起蘇聯，就不免讓人聯想到軍事大國。「民主的軍隊」這種不切實際的夢想儘管很快就破滅，但似乎仍有許多地方和其他國家不同……下面就讓我們一窺其真實樣貌吧。

蘇聯軍隊的意思

BC CCCP

說到蘇聯軍隊，還有另一個名稱叫做「紅軍」，正式名稱是工農紅軍（PKKA），讓人意識到它是布爾什維克（共產黨）的軍隊。1946年改名為蘇聯軍隊，突顯了它是國家的軍隊。黨、國家組織和社會各方面的關係看似一體，但又並非如此，十分微妙。

露出額頭，將貝雷帽扣在後腦勺上，這可是蘇聯和俄羅斯式的時尚（？）喔。

空降軍是相當於美國海軍陸戰隊的精銳部隊，主要兵員是徵召入伍。

這並非女兵，只是類似角色扮演的插畫，僅供參考……

80年代初期的步兵。對於冷戰世代來說，正是蘇聯軍人的典型形象！鮮紅色的軍階徽章和金色的鈕扣真帥氣！（當然也有低調的軍裝）CA是「蘇聯軍隊（蘇聯陸軍）Советская армия」的簡稱；如果是其他組織，例如邊防部隊，則會寫為ПВ（PV）。

★多數贊成，現在開始執行作戰

　蘇聯陸軍經常被稱為「蘇聯地面部隊」，並非有「地底部隊」的編制，只是因為英語的Red Army通常泛指蘇聯全軍，為了區別才使用蘇聯地面部隊（Soviet Ground Forces）的稱呼。

　Red Army顧名思義就是紅軍，是布爾什維克的軍隊。剛成立時稱為「дружинник（發音為druzhinnik，志願糾察隊的意思）」，只是在便服綁上紅色臂章。

　1917年十月革命成功後，志願糾察隊發展擴大為具有工人和農民組成的軍隊含義的「工農紅軍（PKKA）」。

　為了追求民主的軍隊，實施志願制。指揮官由士兵投票產生，是否服從命令也透過投票決定。

　如果是町內會倒也罷了，要數萬人的軍隊以這樣的方式運作，根本就是不可能的任務。缺乏受過專門訓練的職業軍人也是一大問題，當時的將校被視為帝俄時期的累贅，重新雇用也遭到強烈的反對，然而拒絕蘇聯體制的勢力開始在各地展開戰鬥，他們就是所謂的「白軍」。

　順帶一提，「白色俄羅斯人」是指加入這股反

СЛИШКОМ ПОЗДНО, ЭТО CCCP!

這樣的說法不會有人當真。

這可是反革命！

蘇聯軍隊的特色之一就是有政治將校的存在，這是從革命後不久，共產黨派遣政治委員監督軍隊指揮官開始的。儘管在第二次世界大戰期間的權限有所削弱，但在過去的冒險小說中，政治將校的形象多半都是無能或者下達荒謬的命令……其實際任務是對士兵進行政治教育、照顧軍隊的士氣和福利，或者為士兵的休閒活動提供支援，可以說有點類似生活指導老師一樣的角色；由於是負責照顧和提供諮詢的人，因此有不少政治將校都備受士兵的尊崇，這跟一般的印象或許有些出入吧。另外，為了在實戰中以前線將校的身分達成任務，也必須具備一定的專業能力，無能之輩是無法勝任這份工作的。

協助每月的生產活動也是社會主義國家才有的任務。比如在農場幫忙收穫馬鈴薯……不，這其實是為了解決蘇聯農業生產效率不佳的無奈之舉。

說到蘇聯軍隊，就不得不提到女兵（可以斷言）！
在偉大衛國戰爭（第二次世界大戰）中，不僅後方，前線也不乏女性的身影。
像是飛行員、戰車兵、狙擊手、衛生兵…所以描繪在蘇聯軍隊裡作戰的女兵並非憑空捏造。

雖然戰爭結束後仍有女性軍人，但戰鬥部隊已經看不見她們了。

蘇聯軍隊裡當然也有霸凌問題，這是名為 дедовщина（發音為 Dedovshchina）的私刑或不當操練，尤其從蘇聯末期開始成為社會問題，目前在俄羅斯也很嚴重。

菜鳥

蘇聯作為多民族國家，面臨著相當多民族不會說俄語的問題；不會俄語的人甚至被分配到核潛艇上服役，反而造成困擾…。

革命勢力的人，不是白俄羅斯人。必須注意。

最終，工農紅軍決定重新雇用舊帝俄軍隊的將校，或者說別無選擇。

有些人認同革命思想，有些人則被說服。但是，無論哪種情況，他們都沒有完全受到信任，每位將校都會有兩名政治委員（Комиссар）從旁監督。

志願制僅僅持續半年便告終，重新恢復徵兵制。民主的軍隊運作消失，取而代之的是建立在鐵的紀律上的金字塔指揮系統。

在這樣的環境下，誕生了一位被稱為「名將」

的軍人，他就是有「紅色拿破崙」之別稱的米哈伊爾·圖哈切夫斯基（Mikhail Tukhachevsky）。

圖哈切夫斯基擊退各地的白軍，後來推動工農紅軍的機械化和現代化。1922 至 1932 年，他與德國也有所交流。

當時，兩國關係非常緊密，蘇聯甚至允許德國在國內建造飛機工廠。圖哈切夫斯基派遣蘇聯軍人到德國的參謀學校留學，也讓德國軍人參加自軍的演習。

然而，他在 1935 年的大清洗中被處以死刑。受過高等專業教育的軍人也遭到處決，工農紅軍

KV-2看起來就像是孩童的塗鴉變成實體化。儘管被稱為重戰車，但其實是自走砲，生產數量也不多。其厚實的裝甲和強大的火力曾讓德軍傷透腦筋。

的現代化計畫因此受挫，並在後來與希特勒的戰爭中付出代價。蘇聯動員大量的人力資源才勉強取得勝利，卻也失去約2,000萬的國民。

政治將校是生活指導的老師

1946年2月25日，工農紅軍正式改稱「蘇聯軍」，到1980年代末期，地面部隊多達220個師，加上其他軍種、KGB和內務部的部隊，總兵力據說有600萬到700萬。支撐這個龐大軍事機構的是徵兵制。

兵役原則上是18歲入伍，上限26歲，任期2年（海軍3年），入伍時間每年2次；也就是說，以半年一次的速度更替四分之一的士兵。儘管可以自願參加飛行員這類光鮮亮麗的任務，但如果沒考上，就會自動被分派到地面部隊服兵役。

免服兵役的人包括身心障礙者、獨自照顧殘疾親屬者等。上大學就可以暫緩兵役，但有些大學會開設軍事課程，只要同時上完預備訓練，即可視為服完兵役。不過，也有共產黨高級幹部的子弟利用父母的權勢，直接免除兵役。

順帶一提，自衛隊和美軍有專門教育的部隊，但蘇聯是直接把菜鳥送進實戰部隊；因為人數眾多，不這麼做就會來不及；也就是說，雖然是實戰部隊，但大部分的工作都是訓練新兵，等到覺得能夠獨當一面，所有新兵都退伍了。

也有人想留在軍隊裡等待出人頭地，但像這樣自找麻煩的人並不多。訓練苛刻、紀律嚴明、月薪不高，還不能自由外出，一般人都會覺得這2年十分漫長。

以莫斯科軍區的精銳部隊塔曼摩托化步兵師為例，據說一天通常是從教官來到宿舍前，拿出一支香菸不疾不徐地劃火柴棒開始。

教官把香菸點燃，吐完第一口煙之前，新兵們就必須換好衣服，整齊排排站好。

軍隊的娛樂以運動為主，有很多士兵都會在室內默默地鍛鍊肌肉。由於沒錢買專用的器材，因此用廢棄的戰車車輪製作成啞鈴，或是把背包縫起來做成沙包，任何東西都得自己DIY。軍隊這個職業，沒事做的時候便閒得發慌。

為了填補這段無所事事的時間，蘇聯軍隊有個令人聞風喪膽的教育課程，那就是政治教育。

負責這項課程的是政治將校（замполит，發音為zampolit）。他們為新兵解說共產黨的最新理論，喚起對蘇聯敵人野心的注意，呼籲與第三世界對抗帝國主義的革命勢力團結合作。

不過，這些看似偉大衛國戰爭時的政治委員的人卻不太一樣。

陸軍的步兵部隊，基本的作戰單位是「中隊」，人數大約100人。他們以10人一組的方式分別乘坐裝甲車，共分成10個分隊執行作戰，其中一個分隊就是由政治將校負責指揮。

一旦中隊長和副中隊長戰死，那麼他就會以第三號人物的身分指揮全隊。僅僅熟悉黨的宣傳是無法勝任的。

上級組織的連隊和師團也有政治將校直接負責維持士兵的士氣，但實際上幾乎都是在打雜。

按照規定，除非父母去世，否則士兵在服完兵役之前是沒有休假的。需要奔喪時，政治將校負責協助辦理各種法律手續，安排士兵返鄉奔喪的交通工具，讓士兵帶著師團長的弔唁信和禮物。

規劃康樂活動也是他們的工作，也會從事管理合唱團、舞團、球隊等類似社團顧問的工作。

莫斯科郊外的一處演習場。由於經常讓各國駐外武官或代表團進行射擊體驗，因此在演習場附設用來接待貴客的餐廳，可說是個有點特別的設施。當然，伏特加也會端上桌。

當士兵們取得外出許可時，政治將校就是負責帶隊的老師。蘇聯的各個城市都有軍事博物館，他們會帶士兵去那裡聽身上掛滿勳章的退伍軍人大談自己的寶貴經驗。在莫斯科很常看到由將校帶領的士兵拖著長長的隊伍行走的景象。

★ 戰爭還是考試？ 地獄的將校生活

另一方面，將校會走上怎樣的職業生涯呢？第一關就是考試。總之一直考試，無止境的考試。

蘇聯將校的道路，是從全國140所高等士官學校的其中一所入學起步，大部分是5年制或4年制，入學年齡從17歲到23歲。畢業後將授予學士學位，授予少尉軍銜，藍色菱形的畢業徽章就是標誌。

不過，走到這一步還不能掉以輕心。到了25歲左右，就會被催促促考更高級的軍事大學。

上尉或高階中尉才有資格報考，據說通過考試所需的學習時間為「2000～3000小時」；經過計算，不管週末或平日，兩年內每天都得確實學習3～4小時的時間。

這到最後造成了嚴重的問題。

為了提高考上軍事大學的合格率，陸續出現讓優秀的青年將校脫離業務的部隊。

如果5個人中有2個人很優秀，就讓他們關在房間裡埋頭苦讀，本該5個人分擔的工作就落到剩下的3個人肩上。當然，會出現沒辦法處理的工作，但部隊沒有多餘的人手。

結果導致表面上是每年都有人考上軍事大學的優秀師團，實際上卻是應變能力和訓練水準都極其低落的狀況。不過，這種情況在軍隊中很常見，不光蘇聯軍隊才有。

軍事大學畢業會拿到白色菱形的徽章，沒有它就不可能晉升為將軍。不過，這還不是終點，接下來針對少校到上校的「參謀本部大學」才是關鍵。走到這一步就是真正的窄門，但只有從這裡畢業，才能開啟通往國防部中樞的道路。真是可怕的學歷社會。

我以前曾向在自衛隊擔任教官的朋友提起我在本書寫到的塔曼近衛師的故事。那傢伙聽完後說：「我們部隊也要來試試看！」如果有某處的隊員受到不公平的對待，我先在這裡說聲對不起。

津久田

俄羅斯經常會在各種活動中提供當時軍隊的伙食，以體驗蘇聯士兵的生活，或作為偉大衛國戰爭的題材。真正的軍中伙食應該更難以下嚥……就像現在日本販賣的麵疙瘩一樣。

速水

其2 蘇聯海軍的煩惱

成為蘇聯軍人吧

蘇聯是世界上海岸線最長的國家,不過大部分的海岸線都是冰封的北極海,對於海軍來說,這是十分嚴苛的環境。即便如此,蘇聯仍沒有放棄擁有強大的海軍。

「俄羅斯一直希望有個不凍港」這種說法有點粗略。

每個時期的政策都不同,起碼20世紀以後,這種說法是不正確的。

有人說2014年吞併克里米亞是為了不凍港,但不能相信這種鬼話。

俄羅斯雖然是大陸國的陸軍國,卻對海洋有著異常強烈的響往。推行西化運動的彼得大帝,是在1696年創立海軍,儘管俄羅斯海軍在日本並沒有給人留下什麼深刻的印象(因為在日俄戰爭中連連挫敗),但也有在好幾場戰役中拿下勝利。不過陸軍始終是最優先的部隊,它也是一直在夢想和現實之間苦苦掙扎的存在。因為俄國革命而幾乎消失的艦隊才剛努力整編完畢,卻又在蘇聯解體時分崩離析…。
雖為沿岸的鄉下海軍,但第二次世界大戰時也擁有許多驅逐艦和潛艇,偶爾跟陸軍合作,小艦艇十分活躍。

戰後蘇聯最重視的北方艦隊。

於堪察加半島建立據點以應付礙眼的日本。

帝俄和蘇聯前期最強的波羅的海艦隊由於是內海,其重要性日益降低。

太平洋艦隊

打算出去太平洋時日本列島就變得很礙事。

黑海艦隊。受到土耳其的阻撓!

也有裡海區艦隊喔!

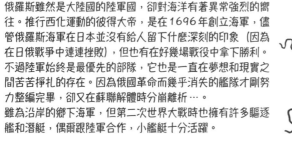

世界上最帥氣的甘古特級戰艦於帝俄時代建造,成為蘇聯後進行了現代化改裝。

二戰期間曾朝陸地上的德軍發砲。

蘇聯和俄羅斯海軍的困難之處在於出海口相當分散,必須分別維護運用各自的艦隊和設施。先不提這個,波羅的海艦隊這個英文讀法也差不多該改一改了吧。

從沿岸海軍到遠洋海軍

蘇聯海軍是相當難搞的軍隊。首先,蘇聯這個國家擁有世界上最長的海岸線,但有一半以上是北極海,一整年有大半時間都處於冰封狀態,船隻和港口都無法運作。嚴峻的自然環境,自中世紀以來就是一大問題。

17世紀即位的彼得大帝打破了這個狀況。他增強海軍實力,並在波羅的海的戰鬥中獲勝,取得不凍港。雖然蘇聯不太願意承認帝俄的功績,但只有海軍以繼承彼得大帝時代的傳統為榮,這一點即使成為俄羅斯聯邦也沒有改變。

不過,擁有不凍港並不全然是好事。

通往外海的出口,在外國看來就是入口。事實上,在革命後不久的內戰中,英美聯軍便從莫曼斯克登陸,日軍則從海參崴登陸。初期的蘇聯海軍雖拚命地防禦沿岸,但作戰能力並不高。

海軍是在史達林時代才開始現代化。很早就有建造航空母艦的計畫,並要求美國的造船廠提供設計和零件。

計畫因為美國海軍當局的干涉而未能實現,但蘇聯仍成功地建立世界上最大的潛艇艦隊。

戰後進入冷戰時期，尤其在古巴危機中，蘇聯認為需要一支能與美國海軍抗衡的海軍。自此，蘇聯海軍迅速增強，艦艇也變得更有個性。

70年代建造的金鷹級反潛飛彈巡洋艦，西方的代號是卡拉級，這是讓我成為蘇聯和俄羅斯迷的一艘值得紀念的艦艇。與西方完全不同的設計概念！我覺得它就像戰後版的「餓狼」。

像80年代的機器人動畫一樣！裝有巨大飛彈發射器，重武裝。

全副武裝

不過十分敏捷。

宛如惡魔城的天線群。

說到海軍，就不得不提到海軍步兵在德蘇戰爭的活躍。特別是前期的海軍步兵，明明是艦艇上服役的水兵，卻被迫陸戰。水兵襯衫後來成為蘇聯和俄羅斯特種部隊的標誌。

日本的海軍在敬禮時要夾緊腋下，但在外國可不是這樣！

冷戰時期，蘇聯海軍的任務是派出裝載核彈的潛艇突襲美國潛艇，以及對抗可怕的美國航空母艦戰鬥群…不像美國一樣擁有強大航母的蘇聯，計畫透過大量的反艦飛彈進行飽和攻擊。這種把勝負全賭在一場戰鬥上的思想，有點像戰前的日本海軍，各位不覺得有一種親切感嗎？

蘇聯海軍旗

80年代的海軍士官夏季制服。基本款式和陸軍一樣，但奶油色襯衫和黑色領帶卻給人一種精明能幹的感覺，真不可思議。這種領帶是用領帶夾固定的類型。

核子潛艇讓我開始對蘇聯海軍著迷！第一艘核子潛艇是在1959年建造，但可靠度好像是到80年代才有所提高，真是可怕…實際上事故也很常發生。儘管居於劣勢，卻勇於挑戰世界最強的美國海軍。這不就是電視劇嗎！！令人熱血沸騰！！

設計和概念都很酷！

問題是這些潛艇並沒有多大用處。

在偉大衛國戰爭中，許多艦艇沒有出海就遭到破壞，比較活躍的只有魚雷艇、部分潛艇，還有使用水雷阻止敵軍艦隊的入侵。值得一提的是，海參崴展示著一艘光榮的潛艇S-56，現在變成了博物館。

隨後的冷戰時期是飛彈時代，潛艇也在此時持續增強。然而，下一個對手是世界上最強的美國海軍。海灣出口布滿了聲納網，一舉一動都受到監控，而且在古巴危機中，海軍實力的薄弱暴露無遺，人們呼籲必須建立大規模的水面艦隊。

★導致國家衰微的大艦隊

蘇聯海軍元帥謝爾蓋‧戈爾什科夫（Sergey Gorshkov）於此時大顯身手。

他在承平和戰爭時期都有著非常廣泛的經驗。不僅曾在太平洋和黑海擔任警備艦和驅逐艦的艦長，也在多瑙河指揮過小型戰鬥艇。他也有豐富的參謀經驗，除了艦隊司令之外，也指揮過陸上戰鬥。

戈爾什科夫年僅46歲就被提拔為海軍司令，直到1985年退役，統帥海軍的時間長達30年。

停泊在金角灣內的卡拉級飛彈巡洋艦。這是 1970 年代部署、象徵戈爾什科夫（Sergey Gorshkov）海軍戰略的船艦。飛彈艙是打開的，可以看見 SS-N-14 石英反潛飛彈的彈頭部分。

在這段期間，美國一共換了 13 個海軍部長和 9 個海軍作戰部長，由此可見其任期有多長；順帶一提，日本首相也換了 11 個。

戈爾什科夫整個職業生涯都致力於實現自己的海軍理論。

其成果在埃拉特號事件中首次體現。

1967 年 10 月，以色列驅逐艦埃拉特號在北非沿岸巡邏，不幸遭到埃及海軍的飛彈艇擊沉。

這艘飛彈艇是蘇聯出口的。戈爾什科夫不僅模仿美式的遠洋艦隊，還採用了大量部署能力有限的小型艦艇的戰略。

這對西方造成極大的震撼，反艦飛彈開始被視為重要的武器。

戈爾什科夫之後也繼續增強海軍實力，艦艇數在 1980 年達到 2,740 艘，總噸位達到 577 萬噸，終於超越美國海軍，成為世界第一。

作為大陸國家的蘇聯，之所以不遺餘力地強化海軍實力，是因為被西方包圍的緣故。

除了東歐以外，蘇聯的友好國家僅零星分布在非洲、中東、東南亞等地，所以需要遠洋海軍將其連結起來。

況且在視覺衝擊方面，沒有一艘艦艇像蘇聯艦艇那麼美觀。基洛夫級飛彈巡洋艦是戰後建造的全球最大水面戰鬥艦，這支艦隊會定期訪問古巴、利比亞、南葉門等地，以突顯蘇聯在各個海域的存在感。

不久後，戈爾什科夫也開始建造航空母艦。

他先後建造了前半部裝備武器、後半部是飛行甲板的莫斯科級，以及右半部裝備武器、左半部是飛行甲板的基輔級等航空母艦；然而，國防部和黨組織卻從這時開始對戈爾什科夫的態度轉趨冷淡。

原因很明顯，因為花太多錢了。陸軍開始發難「為何只有海軍優先獲得經費？」，使得戈爾什科夫的預算被大幅削減。

就連現在著名的庫茲涅佐夫號航空母艦，最初也宣稱與美國的航空母艦性能幾乎相同，卻取消了核動力與彈射器的設計。迫於無奈之下，只好在艦上配備反艦飛彈，但這麼做就壓縮到原本作為主力的艦載機收納空間，最後成為半吊子的航空母艦。幾經波折後，這艘航空母艦終於服役，卻迎來蘇聯的解體。

航空隊、地面部隊和特種部隊

說到蘇聯海軍，有一個奇怪的特徵。從西方的標準來看，他們運用了一些海軍不該有的裝備和部隊。

大型轟炸機就是典型的例子。海軍的空中戰力通常是指直升機和巡邏機，但蘇聯海軍運用的卻是各種大型飛機。

鎖定的正是美國的航空母艦機動部隊。從各個方向發射大量飛彈，摧毀對方的迎擊能力，以實施「飽和攻擊」為目標。

沿岸地區也有古時候的要塞。那裡部署了從地下升起的飛彈發射器，攻擊靠近的敵艦；過去還曾裝備從水面艦拆下來的大砲。

更具特色的是名為「海軍步兵」的地面部隊，他們的任務是運用兩棲突擊艦和氣墊船，執行登陸作戰。戴著黑色貝雷帽，身穿黑色制服，可說是全身黑漆漆的作戰集團。

海軍步兵經常被拿來和美國海軍陸戰隊相提並論，但海軍陸戰隊被視為獨立的軍種，而海軍步

停放在金角灣內任憑腐蝕的蚊子級飛彈快艇。於1960年代後期部署，象徵著戈爾什科夫海軍戰略的悲慘下場。通常應該要拆解才對，但在蘇聯大多都是採取擱置不管的方式。

兵始終是海軍部隊的一部分，起源是在偉大衛國戰爭中參與地面戰的水兵。

海軍步兵也被投入史達林格勒戰役當中，有張照片是他們把陸軍型防寒衣的領子塞成V字領，露出海軍的條紋襯衫，呈現出海軍風格的穿法。

他們不僅在越南的金蘭灣等海外的蘇聯海軍基地從事警備工作，也被派往阿富汗。駕駛著塗有海軍標誌的裝甲車在沙漠中奔馳，這幅景象實在很不現實。

海軍步兵中也有特種部隊，也就是所謂的斯佩茨納茲（спецназ）。過去曾經出現一起令人懷疑有海軍特種部隊牽涉其中的事件。

1956年4月，赫魯雪夫第一書記，首次以蘇聯領導人的身分正式訪問英國。當時他搭乘的是斯維德洛夫級巡洋艦奧爾忠尼啟則。艦隊在兩艘驅逐艦的伴隨下，進入樸茨茅斯港；赫魯雪夫和英國的伊登（Anthony Eden）首相，就兩國的貿易問題等事項進行討論。

英國情報部的軍情六處打算利用這個機會，調查奧爾忠尼啟則的船體。

他們委託一位名叫萊昂內爾·克拉布（Lionel Crabb）的民間潛水員進行調查。克拉布在戰爭期間曾擔任英國海軍士官，在處理水雷等方面具有非常豐富的經驗，然而他卻就此失蹤。

一年多以後，離樸茨茅斯港數公里遠的海岸上，漂來一具穿著潛水衣的屍體。屍體嚴重受損，儘管沒有頭部和雙臂，但調查機構認定這是克拉布的屍體。不過，他的死因仍然是個謎。

2007年，一位名叫愛德華·科爾佐夫（Eduard Koltsov）的俄羅斯人聲稱「自己殺了克拉布」。科爾佐夫說，克拉布嘗試在奧爾忠尼啟則的船底安裝炸藥，兩人在水中展開搏鬥，最後他用匕首刺死克拉布。

當然，英國政府和俄羅斯政府都沒有對這件事發表任何評論。

順帶一提，成為這場血腥事件舞台的奧爾忠尼啟則，在事件發生四年後匆匆賣給印尼，最終在南方海域結束它的生涯。

進入俄羅斯時代後，我曾在下諾夫哥羅德的紅色索爾莫沃造船廠中，看見建造到一半的基洛級潛艇。雖然禁止攝影，但我有跟首席設計師聊了一會，是非常珍貴的經驗。

津久田

史達林在技術方面很有眼光，對於戰車和火箭的研發上發揮了重要作用；但在海軍方面，他試圖打造一支以戰艦為主、沒有航空母艦的大艦隊，感覺似乎沒有抓到重點。海軍果然沒那麼簡單。

速水

其3 空軍與防空軍

蘇聯空軍被視為地面部隊的一部分，一旦發生緊急情況，會與地面部隊整合在一起。冷戰時期，防空軍偶爾會製造一些事端。這兩個單位是不同的組織。

BBC
這可不是英國的電視台。用羅馬字母表示為VVS，也就是空軍。

蘇聯空軍的主要目的就是全力支援陸軍。雖然聽起來有些無趣，但實際上正是憑藉這種方式擊敗了德軍。至於沒有陸軍的海戰，還有海軍航空隊負責應付，所以不成問題。

除了支援陸軍以外，最重要的任務就是進行戰略轟炸，特別在核武器時代，更是不可或缺。西方代號「熊」的蘇聯戰略轟炸機Tu-95就是其中的代表，也是我最喜歡的蘇聯大型飛機！雖然首次飛行是1952年，但至今仍在服役！可說是美國B-52的勁敵。Tu-95偶爾會飛到日本附近海域。

ПВО
用羅馬字母表示為PVO，也就是防空軍。

儘管款式老舊，卻是一架傑作機喔。

防空軍的代表機體就是這架Mig-25！設計概念是盡可能高速飛行，遵照地面管制官指示，朝敵軍轟炸機發射飛彈，幾乎毫無機動性。外型優美……或許可以說它本身就是飛彈的一部分。其偵察機型在實戰中曾連以色列的戰鬥機都追不上。

3馬赫！

航空先進國蘇聯

萊特兄弟是世界上最早成功做到有人動力飛行的人。然而，史達林時代的蘇聯宣稱，亞歷山大・莫茲斯基（Alexander Mozhaysky）才是首位成功飛行的人。

莫茲斯基是俄羅斯帝國的貴族，也是海軍士官。他確實有打造出一台飛機，但只短暫飄浮30公尺就故障了，所以官方認定這不算「飛行」，而是「跳躍」。

簡單來說，這只是誇大其辭的政治宣傳，但蘇聯高度重視飛機研發確實是不爭的事實。

除了軍事價值之外，這門最先進的學科十分符合宣告揭開新時代序幕的革命形象。

同樣是俄羅斯帝國的科學家尼古拉・茹科夫斯基（Nikolay Zhukovsky），在奠定航空力學的理論做出貢獻，被譽為蘇聯飛機發展之父。

為了表彰其成就，1947年莫斯科市郊的一片區域因此被命名為茹科夫斯基。該地匯聚了許多研究設施，尤其進行蘇聯最新型飛機測試的「拉緬斯科耶飛行試驗場」，從冷戰時便聞名至今。

這裡甚至可以說是蘇聯版的「51區」，現在每

世界上最帥氣的抗G衣Vkk-6M。這種科幻感！加上難以形容的性感！頭盔為預壓式，適合超高度飛行使用。

在押井守的電影《AVALON》中，主角的戰鬥服是以VKK-6M為原型，製作這件衣服的波蘭工作人員也清楚這點…！

西方名稱為SA-3「藏原羚」。

S-125防空飛彈的四連發射器，非常帥氣喔！

敢來進犯就試試看！！

玩過大戰略系列的大叔應該都有受過它的幫助！

說到侵犯或異常接近他國領空，大家第一個想到的可能是中國或俄羅斯的飛機吧。事實上，在蘇聯的防空體系尚未完善的冷戰初期，美國的飛機經常侵犯蘇聯領空進行挑釁。或許美國當時也對蘇聯畏懼三分，但對於被侵門踏戶的蘇聯而言，這樣的舉動無疑令他們十分焦躁和恐懼。防空軍曾因為多次擊落民航機而聲名狼藉，但這很大程度上是由於過去美國軍機屢屢侵犯領空所導致…當然，這並不能成為正當的理由。

說到防空，蘇聯也是反飛彈大國。不只防空軍配備了遠程飛彈，連陸軍也擁有大量的防空車輛和裝備，這應該是受到德蘇戰爭前期被搶走制空權的痛苦經驗的影響吧。另一方面，美國陸軍幾乎未曾在敵軍取得制空權的情況下作戰，因此感覺反飛彈裝備沒什麼威脅性可言，反正敵機就交給空軍來應付就夠了……或許是基於這樣的自信吧。蘇聯空軍固然強大，但人們常說「將軍是以上一場戰爭的方式來打仗」，大概是從前曾經做了許多懊悔不已的事情吧……從蘇聯軍隊中隱約可以看出這一點。在太平洋戰爭期間，反潛和掃海能力極為發達的日本海上自衛隊，或許能夠充分體會這件事。

隔一年都會舉辦飛機展覽會，也有日本的旅行團前往參觀。周邊地區還有世界最大的航空博物館中央空軍博物館，以及太空人訓練中心的所在地星城（Zvyozdny gorodok）。

★戰爭與試作設計局

1920年代由於內戰而一度低迷，但飛機的研發生產和飛行員的訓練仍持續進行著；到了第二次世界大戰時，蘇聯的空軍戰力已達15,000架。

儘管有人批評蘇聯空軍只不過是德國空軍的獵物，但能夠培養出好幾名和德軍抗衡的王牌飛行員，實力絕不容小覷。當時的飛行員曾以志願軍的身分參與西班牙內戰和中日戰爭，從中累積相當豐富的實戰經驗。

女性飛行員的活躍也是一大特色，被德軍視為「女巫」而深惡痛絕的夜間轟炸隊確實是由女性組成——這個事實讓德國人皆大吃一驚。

戰後進入噴射機時代。知名的米格、蘇愷、圖波列夫等設計局（ОКБ），紛紛投入新型飛機的研發。

在整個冷戰期間，他們研發的飛機一直與美國分庭抗禮，瓜分著天空的勢力。

Su-15戰鬥機是防空軍引以為傲、充滿反派角色氛圍的機體。與大韓航空特別不對盤，經常引發各種事件。與米格戰鬥機不同，由於幾乎沒有出口，長期以來都被視為神祕的機體。

蘇聯的飛機研發是應國防部的要求而開始的。西方的飛機製造商經常兜售飛機，但在蘇聯，除非國防部覺得有需要，否則不會有所動作。

國防部的需求會送交給所謂「ЦКБ（中央設計局）」的部門，在那邊制定具體的技術規格書。

實現技術規格書的關鍵是「ЦАГИ（中央航空流體力學研究所）」所提供的數據。在這個階段，機體和機翼的形狀基本上已經確定。

不同設計局的飛機之所以會製造出相似的機體，就是因為這個緣故；經過比較後，能夠更有效率地完成任務的方案會受到採納。

因為不是競爭，就算未被採納，設計局也不會倒閉。重要的是滿足需求的性能。

所以，即便研發出革命性的全新技術，只要沒被認定對蘇聯的國防計畫有重大貢獻，就不會受到採納。管它是匿蹤技術，或是鋼彈的精神感應系統，都會被擱置到一旁。

空軍是地面部隊的一部分⁉

蘇聯空軍的縮寫是「ВВС」，跟英國的電視台毫無瓜葛。用英文來表示就是「VVS」。

這支空軍是個相當特別的組織，因為它是「實戰中不具指揮權」的軍隊；其工作只有訓練和維護，一旦遇到緊急情況，便和地面部隊整合。

其任務包括排除敵軍空中部隊、攻擊敵軍地面部隊、偵查等等；換言之，他們純粹只在戰場的上空作戰，因此被稱為「前線空軍」。

演習時，他們以表演極限低空飛行和在未鋪設跑道上操作而聞名。蘇聯飛機的載彈量普遍偏低，但十分偏重火箭彈，甚至有「前方投射重量」的概念；用一句話形容，就是會飛的喀秋莎。

另一支航空戰力「防空軍」

那麼誰來守護祖國領空？——防空軍。其俄語縮寫為「ПВО」，英語的縮寫為PVO。

他們負責統籌預警雷達、攔截機、防空飛彈等，是另一支空軍。

防空軍以防空航空隊（IA-PVO）、防空飛彈部隊（ZRV）、無線技術部隊（RTV）為主幹，加上負責監視衛星的反太空防禦部隊（PKO）、攔截美國洲際彈道飛彈的反飛彈防禦部隊（PRO）等組成。

值得一提的是，所謂反飛彈防禦是在平流層引爆核彈，利用熱核屏障將美國的核彈頭蒸發的末日戰術。

空軍和防空軍是兩個完全不同的組織，在基地規模、維修技術水準、使用的機體等方面都有很大的不同。

防空軍原本只是操作高射炮或防空機槍的地面部隊，是在戰後的組織改編中才被併入航空部隊。這樣的沿革可從其制服上看出端倪。飛彈部隊穿著和地面部隊相同的砲兵科制服，航空部隊則穿著與空軍相同的制服（俄羅斯聯邦重新整併為空軍）。

防空軍在冷戰期間經常參加實戰，例如擊落美國偵察機的U-2事件（1960年）、迫使大韓航空飛機降落的莫曼斯克事件（1978年），以及在薩哈林海岸引發的大韓航空飛機擊落事件（1983年）等。

此外，在幾個不光彩的事件也牽涉其中，像是維克多・別連科（Viktor Belenko）中尉駕駛米格-25降落函館的叛逃事件（1976年）、馬提亞

SA-2指引地對空飛彈。曾擊落U-2偵察機，在印巴戰爭和越南戰爭中大顯身手，在中東和南斯拉夫等許多出口國家都有實戰經驗，因而獲得豐富的反饋，成為優秀的系統。

斯·魯斯特（Mathias Rust）駕駛西斯納飛機降落在紅場的事件（1987年）等。

順帶一提，防空軍司令亞歷山大·科爾杜諾夫（Aleksandr Koldunov）因為讓民間飛機進入首都而遭到撤職，接替他的是特列奇楊科上將。

大韓航空飛機擊落事件，據說就是這個沒腦袋的人直接下令將飛機擊落。這種一直線的人事調動，很有蘇聯的風格。

來搭乘俄羅斯航空吧！

若想坐看看蘇聯製造的飛機，最快的方法就是搭乘俄羅斯航空。不用說，這是知名的蘇聯航空公司。自從成為俄羅斯之後，儘管陸續引進空中巴士等飛機，但蘇聯時代製造的飛機至今仍在各地執行任務，這可不是玩笑話。

如果有機會搭乘的話，有可能會看到一些民用飛機應該用不到的裝備和獨特設計。

舉例來說，伊留申86是一款四引擎噴射客機，內置方便讓乘客直接地面登機的舷梯，行李箱放在「一樓」行李室，得以輕便上樓坐在「二樓」座位；據說當初如此設計是為了讓士兵攜帶裝備和槍枝登機。還有更極端的例子——明明標有俄羅斯航空標誌，運輸機上卻配備了機槍。

直到蘇聯解體前，俄羅斯航空一直是全球最大的航空公司，其員工人數、機場數量和飛機數量等皆為國家機密，全球航空公司進行統計時，是排除俄羅斯航空的計算。作為監管機構的民航部，部長是由現役空軍將領擔任，一旦發生緊急情況，就會被編入空軍的航空運輸部隊。

為了應付戰爭這類緊急情況，俄羅斯航空擁有大量「不飛的飛機」、「不駕駛的飛行員」和「不使用的機場」；據說其維護和管理成本之大，足以讓西方的大型航空公司瞬間破產。

蘇聯解體後，俄羅斯航空被拆分為約兩萬家民營化公司，其中不乏存在嚴重安全問題的公司。雖然搭乘俄羅斯航空會是一次有趣的經驗，但必須自行承擔風險。

1987年推出了一款名為《LUXSOR》的電腦射擊遊戲，不知為何，玩家在遊戲中操縱的機體竟然是米格21。埃及空軍確實曾經使用過這種飛機，但遊戲在製作時是否考證得如此詳細仍是個謎。

津久田

速水

莫斯科的中央空軍博物館有退役軍人負責導覽，這些人可是在冷戰時期與美國飛機對峙的飛行員！不光是展示，這群老先生的故事也很精彩，前往參觀時不妨好好向他們討教一番。

什麼是斯佩茨納茲？

關於斯佩茨納茲，普遍流傳著「蘇聯的精銳部隊」這樣的形象，但事實上，斯佩茨納茲是用來泛指特種部隊的詞彙；也就是說，斯佩茨納茲中有各式各樣的人。

СПЕЦНАЗ

題外話 蘇聯有把帽子戴在後腦勺的文化，戴貝雷帽時也是一樣。蘇聯角色扮演時，這麼戴帽子可能會比較像一點。

正如正文所介紹，斯佩茨納茲單純只是「特種部隊」的意思，單憑這個名詞並無法清楚得知它是什麼樣的部隊。軍方的情報機關GRU、負責國內治安和對外情報活動的KGB、治安維持部隊的國內軍、警察……各個單位都擁有自己的斯佩茨納茲。當聽到「蘇聯的特種部隊要攻打過來了！」這句話的時候，一般可以認為是GRU的部隊。是說，負責國內事務的部隊還真多…。GRU斯佩茨納茲與空降部隊的關係密切，制服和裝備也很相似。

從1980年代末期開始，蘇聯境內頻頻爆發民族運動和恐怖攻擊，而負責應對這些事件的就是國內軍等部隊。啊啊，有股蘇聯末期的氛圍…。

說到70年代到80年代的斯佩茨納茲，形象差不多就是這樣。

特種部隊二三事

蘇聯有很多特殊的人……不過這不是他們很危險的意思，而是指名為斯佩茨納茲的特種部隊。啊，不過這些人的確都是些相當危險的傢伙。

斯佩茨納茲是「執行特殊任務的部隊」的俄語縮寫，不是具體的部隊名稱。

從事特別任務的人都是斯佩茨納茲，聽到這個，大家可能會聯想到空降部隊吧。

蘇聯的空降部隊，正式名稱是「空降突擊軍」，由於受到國防部直接指揮，因此被視為像陸海空軍一樣的獨立軍種。

在西方，「Reydoviki（Рейдовики）」的俗稱十分有名，為突襲部隊之意，過去指騎兵隊。

不過，他們本身幾乎不用這個名詞，而是自豪地稱自己為「Desantnik（Десантник）」，字面上就是空降兵的意思。

其座右銘是「Никто,кроме нас（發音為 Nikto,krome nas）」，意思是「在沒有人的地方突然現身」，也可以翻譯成「神出鬼沒」。空降戰車從運輸機上空投，利用火箭噴射進行軟著陸，確實讓人有種惡魔科技的感覺。

СЛИШКОМ ПОЗДНО, ЭТО СССР!

第二次世界大戰中的游擊隊是蘇聯軍隊開始重視起特種部隊的原因之一。當德軍深入蘇聯腹地時，後方就出現了許多有「Партиза́н（發音為Partisan）」之稱的游擊部隊，這些人是被留下的蘇聯士兵及抵抗德國殘酷占領的居民。

共產黨將這些人組織起來，給予支援和指令，使其與正規軍的作戰聯動呼應，可見他們被視為重要的戰力。游擊隊在占領區域從事偵察和破壞活動，讓德軍的寶貴兵力受到不小的牽制（當然也引發了慘烈的治安戰……）。

這些經驗被系統化，並在戰後活用於支援各國的革命和游擊戰，逐漸演變成潛入敵方地區執行偵察和破壞任務的GRU斯佩茨納茲。

「衛國戰爭游擊隊勳章」是授予在二戰參與游擊戰有功人士的勳章。

1級和2級的受勳者加起來有12萬多人。

但是，提到斯佩茨納茲，還是會給人一種少數人執行祕密任務的印象而「Высотники（發音為Visotoniki）」應該是符合這個形象的部隊。

雖然也可以翻譯成游擊隊，但原本的意思是從事高空作業的建築工人；反觀軍人的Высотники是從高度8,000公尺的高空落下，經過80秒到130秒的自由落體，於低空打開降落傘，擁有「HALO（高空低開跳傘）」技術的專家。

其任務是使少數人潛入敵軍陣地，在避免戰鬥的前提進行偵察。另外，Высотники 也有攀岩者之意，所以有些資料會將他們當成山岳步兵。

降落傘信仰？

斯佩茨納茲需要具備各式各樣的能力，其中又以跳傘最受重視，甚至連KGB的國境警備軍也有專門的部隊。

此外，不知為何，內務部也有很多持有跳傘證照的隊員。

內務部就是所謂的警察。警察在抓小偷的時候，是否需要具備跳傘能力仍有待商榷，但不管怎樣，他們確實也有做這方面的訓練。

這些警察就是「ОМОН」。

馬可洛夫是使用9毫米子彈的戰後蘇聯代表性手槍。儘管平民也有使用，但拋殼等方面有些問題，所以不是很好操作。斯佩茨納茲使用的馬可洛夫手槍是經過改造的款式，有加裝大型的消音器。

這是「特別任務民警分隊（отряд мобильный особого назначения）」的縮寫，其誕生的契機在於改革開放面臨困境。1988年10月，編成19個中隊，推測人數約有2,000人。

1991年，ОМОН被派往獨立運動愈演愈烈的立陶宛和拉脫維亞。

他們襲擊了當地的電視台，並破壞電力系統，使建築物陷入停電狀態，然後沿著電梯井爬上電視台的中樞區域，最終搶走了播送節目的主導權。ОМОН可能是被西方媒體曝光的最著名斯佩茨納茲。

不過，現在的ОМОН雖然人數有所增加，但主要的工作是鎮壓示威和集會，感覺跟一般的鎮暴警察沒什麼不同。

他們也負責鬧區的維安工作，看起來很清閒。所有人的肩上都背著衝鋒槍，但很多隊員都沒有關上保險，讓人看了很不安。

阿爾法與貝塔

KGB的斯佩茨納茲中，阿爾法部隊最廣為人知，最初是為了莫斯科奧運的警備而編制，

其主要任務是保護重要人士和反恐，不過最著名的事蹟，莫過於1979年入侵阿富汗期間，阿爾法部隊與其他部隊聯合襲擊了阿富汗的總統府，除了一人之外，所有人都遭到擊斃。

1988年，面對劫持校車將學童作為人質的恐怖組織，阿爾法部隊的上校指揮官挺身自願充當人質，冒著生命危險完成任務。

然而，最令人震驚的，是1985年在貝魯特發生的蘇聯外交官綁架事件。

阿爾法部隊找出並綁架了和綁匪相關的人物，

切斷了此人的頭部和○×△，將○×△塞進嘴裡，頭顱放在與綁匪談判的地方，被此景嚇破膽的綁匪因此當場釋放人質。我以前曾在俄羅斯的出版物上看過那顆頭顱的照片，真的相當駭人。

既然有阿爾法，那麼搞不好也有貝塔和伽瑪。我查了一下，果然不出所料。

的確有個部隊正是叫貝塔。是訓練政府重要官員如何應對恐怖分子的教育部隊，教授被挾持時的心態、與外界聯繫、救援行動時的應對等。而貝塔在日本被當成空氣槍的商品名稱。

破壞和間諜活動

國防部是擁有最多斯佩茨納茲人員的單位，領導這些人的是名為GRU（紅軍參謀本部情報本部）的組織。

其總部大樓是玻璃帷幕牆的現代建築，因此俗稱「水族館」。地點位於克里姆林宮的東北約7公里，就在霍登卡航空博物館的旁邊。

這裡有米格和蘇愷等飛機的原型設計局，GRU總部就位於這裡的中心。

最高機密的建築被另一棟最高機密的建築包圍，形成雙重的安全體制。儘管現在已經遷到面對主要幹道的區域，但依然是玻璃帷幕牆的現代化建築。

GRU的任務可以分為三大類。

第一種是運用一般部隊中的斯佩茨納茲。這些軍人是潛入敵軍陣地偵察的高手，有時候會綁架敵方指揮官，以不太友善的方式問出情報。

第二種是控制潛入西方國家的特務。這些特務接受嚴格的語言教育，適應當地的生活習慣，過著不引人注目的低調生活。這些人持有偽造的身

各種攜帶武器。由左至右依序為攜帶型防空飛彈「Стрела（發音為Strela）」、反戰車火箭「RPG-7」、裝甲車上搭載的7.62毫米機槍、PKM機槍，以及裝在反戰車火箭「RPG-18」中的彈頭部分。

分證，往往在重要設施的附近租房子居住。

如果發生戰爭，他們就會偽裝成敵國軍人，暗殺政府要員或軍方首腦，破壞通訊設施或核武相關設施等。一旦身分曝光，就會被毫不留情地槍殺，可說是一項極其危險的任務。

第三種是監督間諜活動。人們通常認為在西方從事情報活動是KGB的專長，但GRU也有構建自己的間諜網路。儘管人員規模只有約KGB的一半，但實際上使用的預算據說幾乎相同。

KGB和GRU從成立以來就一直是競爭對手，兩邊的關係非常惡劣，甚至也有發生過流血衝突。但也有人說，這是刻意營造的對立關係。

這裡史達林又再度登場。這是1930年代KGB仍被稱為NKVD時的故事。

史達林在判斷各種情報時，會充分利用NKVD和GRU兩邊的報告書。他的辦公室每天早上都會收到兩本報告書，分別來自NKVD和GRU。

如果兩者報告的內容相同，就可以判斷幾乎正確。只有其中一方有報告，就有可能是假情報。

兩邊都沒有報告的案件，就意味著兩邊仍在繼續調查當中。

為了讓這種方法有效，必須確保兩個情報機構完全獨立。事實上，兩者的情報網是嚴格分開的，連最底層的聯絡員都不相通。

然而，過去只有一個人打破了這個規則，此人就是指揮恐怖大清洗的NKVD長官尼古拉·葉若夫（Nikolai Yezhov）。

不僅黨、軍隊、一般公民，甚至連自己的屬下都遭到他的處刑；GRU也不例外，許多人被清洗，組織因此遭受重創。

在那之後出現了問題。

葉若夫犯了一個致命錯誤──將弱化的GRU納入自己管轄。送到辦公室的報告書剩下一本。

史達林發現葉若夫做出逾越之舉，下令將這個愚蠢的人處死。

聖經有云：「不得讓左手知道右手在做什麼」，這就是蘇聯式的解釋。

成為俄羅斯聯邦的今天，特種部隊也設計了獨自的部隊徽章，並大剌剌地佩戴在軍服上。即使被視為機密，內心還是希望能夠引人注目吧。也有不少看起來很中二的設計。

津久田

速水

各個部隊的特種部隊起源都有相當大的差異，例如GRU斯佩茨納茲的起源之一就是二戰期間的游擊戰。假使德蘇戰爭是由蘇聯這方發動，使戰場始終在蘇聯國境以外，或許斯佩茨納茲就不會出現，它可以說是歷史的產物。

其5 勳章和獎牌

蘇聯也是勳章社會。皇帝和貴族的權威一落千丈，勳章取而代之成為身分的象徵。不僅軍人，勞工和企業也被授予大量的勳章和獎章。

■在蘇聯，最高榮譽的稱號就是「蘇聯英雄」，獲得這個稱號的時候，會被授予金牌作為證明。有時可以多次獲得該稱號，第一次會同時授予列寧勳章，第二次在家鄉受動，第三次則在莫斯科豎立銅像等，有各式各樣的慣例，外國人也可能獲得這個稱號。除了英雄稱號之外，其他還有「社會主義勞動英雄」（很容易與蘇聯英雄混淆）和「母親英雄」（生下10個孩子即可獲領！）。

■紅旗勳章是勳章大國蘇聯最早制定的勳章。時值1918年，所以是革命之後，其實嚴格來說那時還不是蘇聯，但就別計較那麼多了。這個勳章是頒給對國防做出貢獻的人，當時正處於內戰時期。

■勳章和獎章是不同的東西。勳章是授予有特殊功績之人的榮譽，而獎章是頒給參與特定事件（如重大戰鬥、行動、國家工程、紀念日等）的人的紀念品。不過也有具有勳章意義的獎章，所以有些複雜。

■此外，還有各種民間的獎章或普通的徽章，對於不熟悉的人來說，可能看起來都像是勳章…。

■勳章和獎章都有獨特的緞帶，將其剪下來裝在金屬零件上，就成為了動表。

全世界無產者，聯合起來！

動章和獎章的背面就像這樣將緞帶纏在鋁板上，才不會搖來晃去。

貝加爾-阿穆爾鐵路建設勳章

都市和企業都成為蘇聯英雄

蘇聯的成立不僅意味著新時代的建設，同時也代表舊時代的消亡。帝俄的許多事物都遭到否定和破壞，其中也包括勳章制度。

授予爵位勳銜，受封下騎士團的勳章，是皇帝權威的象徵。在平等的勞工國家，這種勳章似乎不太相稱。

然而，從現實情況來看，當革命餘波仍在各地肆虐的1918年，第一個社會主義國家的勳章就已經制定了。

那就是「紅旗勳章」。

此後，蘇聯成為一個滿是勳章的國家，許多社會主義國家也紛紛群起效尤。

不管是誰，都希望自己的努力得到認可，成果受到讚揚。蘇聯領導階層也不得不承認，在鼓舞人民士氣方面，勳章具有其價值。

據說勳章的三個原則是「不貪求」、「不拒絕」、「不炫耀」，不過蘇聯的人們仍然非常喜歡向他人展示勳章和獎章，不僅國家活動，就連婚禮等私人場合也會佩戴。

蘇聯人在接受電視街頭採訪的時候，也會請採

布里茲涅夫的好大喜功眾所皆知，他經常頒給自己獎章，以至獎章堆積如山。

■在大戰期間，如果被授予勳章，家族會依照慣例舉辦宴會。據說會將勳章放進斟滿伏特加的杯子裡，然後一口氣喝下，用牙齒咬住杯裡的勳章。

■勳章和獎章的對象十分多元，包括軍事、文化、科學、經濟、治安…等各種領域，身分包括對民族友好有貢獻的人、從事革命的人、優秀的勞工、科學家、政治家正如本文所述，授予組織或都市等單位也是蘇聯的特色。例如，莫斯科建設800週年獲頒的獎章，就真的是紀念品。不過，拿到最多獎章的，大部分都是軍人或被稱為Ветеран（發音為Veteran）的退伍軍人。戰爭期間制定了不計其數的獎章，除了表彰特定的戰功而頒發的勳章之外，還有為了紀念參與過的戰役或作戰而頒發的獎章、表示軍隊紀念日的獎章，或是用來表示從教育機構畢業或證照的徽章（就算只有一個月也一樣），這就有如身上掛著這個人的生活方式或戰鬥歷程的履歷表。這樣想的話，或許可以理解為什麼蘇聯人想要在身上戴滿獎章的心態吧？

■勳章文化一直延續到現今的俄羅斯，金星勳章和「俄羅斯聯邦英雄」依然健在。

代表蘇聯英雄的金牌，在眾多勳章和獎章中是特別的存在。赫魯雪夫雖被頒予各種獎章，但平常只會佩戴金星獎章和列寧勳章。

狗在犬展上獲獎也會被戴上類似的獎章。

戰爭期間，前線也會發放伏特加。

噗哈

緞帶是俄羅斯國旗的顏色。

也有其他前蘇聯國家的顏色。

訪的人稍等一下，然後回家換上掛滿勳章的西裝再出來。

如此愛好勳章的代表人物，非列昂尼德·布里茲涅夫莫屬。他並未在戰爭中立下什麼功勞，卻能當上總書記，還頒給自己一大堆勳章，甚至擁有當時僅有16人獲得的最高等級勳章，也就是「勝利勳章」。

布里茲涅夫的做法顯然引起爭議，後來這個榮譽在戈巴契夫時代被剝奪。至於實體勳章的去向，相傳在蘇聯解體後被布里茲涅夫的女兒帶到國外賣掉了。

蘇聯的獎勵共包括3種英雄獎章、19種勳章、53種獎章和19種表彰徽章。即使是相同的勳章，也有等級之分，所以實際數量要來得更多。

其中最有名的就是「金星勳章」。這個勳章採用的是一顆金色星星掛在紅色小緞帶的簡單設計，由純金製成，重量有21.5公克，授予對象是獲得「蘇聯英雄」稱號的人。

英雄榮譽可以多次授予，獲得2次會在故鄉、獲得3次會在莫斯科市內建立銅像。

這個「英雄」稱號不僅授予個人，也會授予城市。在偉大衛國戰爭中發揮重要作用的莫斯科、

1967年制定的「10月革命勳章」，授予對社會主義革命運動做出貢獻的蘇聯公民和友好國家的公民。1968年，這個勳章也授予作為設計意象的曙光號巡洋艦。

列寧格勒、史達林格勒、基輔、塞瓦斯托波爾、新羅西斯克、明斯克、圖拉、莫曼斯克、斯摩棱斯克，都被稱為「英雄都市」。

最先與納粹德國交戰，守軍全滅的布列斯特要塞，更被授予「英雄要塞」的稱號。

此外，其他勳章也有授予軍隊、企業、工廠或大學的例子，比如報紙的標誌就很有名。《真理報》和《消息報》名字旁邊的圖案，並非單純的設計，而是報社獲頒的勳章。

勳章把衣服弄得到處破洞？

勳章的設計通常都很講究，材質非金即銀，有時甚至會使用寶石。它不僅是身分的象徵，從材料費和加工的複雜度來看，也相當具有價值。

不過，比這更重要的是授勳證書，這是證明勳章授予的公文。只要有授勳證書，即使勳章遭竊或遺失，有時也可以獲准重新發行勳章。在古董市場上，單獨的勳章和附有授勳證書的勳章，價值上也會有很大的差異。

勳章的處理方式也反映出每個國家的國情。例如在英國等國家，有些人會請專家製作複製品，平時使用複製品，只在有皇室成員出席的國家活動，才會佩戴真正的勳章，而蘇聯人則是不論真假⋯⋯不，正因為是真的勳章，才要直接固定在衣服上。要是脫落的話可不是鬧著玩的，所以有些蘇聯勳章是用螺絲固定的。

在衣服上打個洞，讓帶有螺紋的圓柱穿過，從背面用圓盤狀的螺絲固定。一旦獲頒的勳章很多，衣服就會打上滿滿的洞。

這種俗稱旋入式底蓋的方式，在軍隊徽章上很常見；只要觀察二手軍服上的破洞數量，就能大致看出衣服主人的經歷。

另一方面，帶有五角形金屬板的類型，是採用安全別針方式。戰後的勳章和獎章，多半都是採用這種形式。「列寧勳章」和「紅旗勳章」原先也是旋入式底蓋型，後來才改為金屬板型。

蘇聯解體後，曾有一段時間充斥著利用這項變更的大量仿冒品。

切斷與金屬板的連接處，用銼刀磨平，重新進行電鍍處理，再將螺絲焊接上去。如果只是用來製作模具倒還好，但這些人卻是破壞真品來製作，實在是罪孽相當深重的仿冒品。

那些不肖人士是看準了旋入式底蓋更有價值才這麼做，但由於編號上的刻印新的太不自然，因此受騙的人似乎不多。

那些增殖的獎章

除了勳章之外，各種獎章也很重要。掛著滿身勳章的人，其實大部分佩戴的都是獎章。

這裡面最多的是與戰爭有關的獎章，大致可以分為「防衛」、「解放」和「占領」三種類型。

「防衛獎章」是頒給防衛受到德國進攻的蘇聯都市的將士；「解放獎章」是頒給解放受到德國占領的東歐都市的將士；「占領獎章」是頒給占領軸心國都市的將士。

有些人是堅守同一個地方而獲頒獎章，有些人的獎章則反映出類似防衛基輔、解放華沙、占領柏林這樣的進攻路線。

後來，戰爭中蘇聯取得勝利。1945年開始，每10年會發行「戰勝紀念獎章」授予退役軍人。那些身上掛滿勳章的老爺爺，獎章便由此來。

另外，現役軍人可以獲得從1918年開始每10

★СЛИШКОМ ПОЗДНО. ЭТО СССР!

名為「гвардия（發音為Gvardiya）」的「親衛部隊紀念章」。與納粹的親衛隊不同，是授予各種部隊的榮譽稱號。背面是名為旋入式底蓋的結構，必須將螺絲拆下，穿過制服固定；注意別裝得太鬆，否則會旋轉。

年發行一次的「建軍紀念獎章」。即使在成為俄羅斯聯邦的現在，這兩種獎章仍在繼續發行。

然而，如果只有與戰爭有關的獎章愈來愈多，就會出現另一個問題。

沒有從軍經驗的年輕一代軍人，他們的胸前會漸漸變得空蕩蕩。雖然看似無關緊要，但對於掛滿勳章的文化來說，卻是非常嚴重的事態。

因此，1958年制定了「精勤獎章」。有10年、15年和20年三種，頒發給一直認真工作的將士。

舉例來說，如果是從1958年開始服役20年的軍人，縱然沒有參與戰爭，也可以獲得40周年、50周年和60周年的建軍獎章，以及10年、15年和20年的精勤獎章。

沒有任何功績，也沒有任何失敗。儘管如此，這樣仍然能讓這位軍人看起來較為體面一些。

這個狀況在阿富汗戰爭中發生了變化。有好幾名蘇聯英雄誕生，自從偉大衛國戰爭以來，沒有機會頒發出去的勳章又授予了這些英雄。

然而，接受勳章的年輕士兵們，已經不是那種對獲得勳章感到激動的一代了。

★想要勳章還是過勞死？

蘇聯有很多用來表揚勞工的勳章和獎章，不論是農業、工業、建設、鐵路運輸等，在非軍事部門的各個領域，只要取得成就，都會受到肯定。

其中最著名的例子當屬阿列克謝‧斯達漢諾夫（Alexei Stakhanov）。據說他在不到六小時的時間裡，就挖出超過100噸的煤，這相當於原本目標的14倍。

這件事讓斯達漢諾夫一夕成為蘇聯英雄，也引發了「超過目標後才真正要開始」的「斯達漢諾夫運動」，但據說現場人員都害怕沒有超過目標時的懲罰，所以都會自然將標準設得比較低；正所謂「上有政策，下有對策」。

順帶一提，蘇聯的勳章在1990年代大量流出，於西方收藏家之間交易，如今已經被俄羅斯政府列為禁運項目。即便在莫斯科的古董市場購得，也很有可能被海關沒收，最好注意一下。

蘇聯勳章採用容易理解的圖案，例如工業是齒輪、農業是稻穗、軍隊是槍械等。這些圖案複雜組合在一起，搭配豐富的色彩，形成極具魅力的設計。

津久田

談談德國的勳章。在莫斯科的中央軍事博物館裡，大量二戰期間繳獲的鐵十字勳章被展示在地板下，遊客隔著玻璃踩踏在這些勳章的上面，與其說露骨，不如說有種詛咒的感覺。

速水

我和蘇聯

我是大叔，算是了解真實蘇聯的一代。

說起那時候的蘇聯，是所謂「東方」對抗自由的邪惡陣營頭目，舉國上下都是共產主義的信徒。俄羅斯人不是像熊一般魁梧的壯漢，就是冷血無情的虐待狂；每當有空閒的時候，一群男人就會哭著合唱像《伏爾加船夫曲（Эй, ухнем，The Song of the Volga Boatmen）》這類歌曲；祕密警察隨時會出現，將人抓去西伯利亞的集中營；有什麼值得慶祝的事，人們就在紅場上整齊劃一地遊行；言談間常以「違抗黨意」之類的話來威脅別人。莫斯科國營廣播在熱門新聞節目《Время（發音為 Vremya，相當於英語的 Time）》播放時，不知為何突然響起了古典音樂，隨即陷入一陣莫名的沉默，這表示克里姆林宮裡發生了什麼不好的大事，引發極大騷動。蘇聯給人的印象就是一個做著這類傻事的可怕國家。

畢竟它可是跟美國勢力分庭抗禮的超級強權，不管是什麼會談或外交場合，隨時都有引發全球核戰的危機；相比之下，現在的中國和北韓的威脅完全不值得大驚小怪，根本是小巫見大巫。

然而，當聯邦解體，人們看見真相之後，才發現俄羅斯人雖然魯莽，但大多都是開朗的人，這樣的人在蘇聯努力過著和你我一樣平凡的生活。到了1991年，人們終於明白世界上並沒有好國家或壞民族，只有好人和壞人之分這個理所當然的事實。

單就思想上的印象來討論，往往會忽略很多事情，我這樣的想法一直持續到現在。當然，反過來利用這個形象進行創作，也不失為一種樂趣。

右邊這兩個人是拙著《企業傭兵》裡的俄羅斯黑幫「巴拉萊卡」在蘇聯時期的裝扮。黑幫可是蘇聯解體後的邪惡產物呢。

広江礼威　漫畫家。代表作品有《企業傭兵》（小學館 Sunday GX Comics，日本已出版13卷）等。目前也以插畫家的身分活躍中。

★蘇聯生活指南★

★СЛИШКОМ ПОЗДНО, ЭТО СССР!★

其1 伏特加與蘇聯公民

蘇聯公民很愛喝酒,尤其對伏特加情有獨鍾,這種廣為流傳的印象並不算錯。蘇聯的歷史也可以說是禁酒政策及其失敗的歷史。

發音為「na zdorovie!」,直譯就是「為了健康!」,這是俄羅斯傳統的乾杯口號。除此之外,還有「為了友誼!」或「為了家庭!」等等,每次都必須將杯子裡的酒一飲而盡。俄羅斯式的宴會就是要一遍又一遍地拚命灌酒。
不過,前些日子遇到的俄羅斯人告訴我:「На здоровье 這種老掉牙的說法早就沒人在用了,現在都改說 давай(發音為davay,快點的意思)啦。」還笑著說都市裡也不再流行連連乾杯的文化。嗯,如果去蘇聯的話,說 На здоровье 應該比較好。
俄羅斯人給人酒量很好的印象,他們當然也會配下酒菜。如果什麼都沒得配,就聞聞黑麵包的香氣;如果連黑麵包都沒得聞,就聞聞袖子的臭味。他們不惜這麼做也要找到個東西下酒啊…?

針對戰爭期間的蘇聯士兵。

每天會分配100公克的伏特加。

伏特加的美味喝法

有個國家的人說:「人生不能沒有酒!」那個國家就是蘇聯。話雖如此,就算讓蘇聯人喝啤酒或葡萄酒,他們也不會很高興。在那個國家,所謂的酒就是伏特加。

伏特加是用小麥或馬鈴薯為原料製成的蒸餾酒,基本上呈無色透明;放進冰箱冷藏後,就會變得黏稠並略帶甘甜。

將其倒進小酒杯中,直接一口氣送進嘴裡,可以感受到強烈的衝擊與陣陣芳香;簡單地說,伏特加是用胃喝的,要適量節制。

蘇聯的伏特加標準容量是500毫升,按照80年代的物價,便宜的要價4盧布70戈比(約1,100日圓),高級的是7盧布(約1,600日圓),這相當於勞工一天的收入,不是隨隨便便就能喝得起的價錢。

於是,出現了一種互不認識的陌生人聚集在商店前面,合資買酒的習慣。一瓶酒正好可以倒成三杯,這些人被稱為「Тройка(發音為Tróyka,三頭馬車的意思)」。

問題是,這些 Тройка 從平日白天就到處出

★СЛИШКОМ ПОЗДНО, ЭТО СССР!

蘇托力特伏加
(Stolichnaya
Vodka) 在日本
也很暢銷，
值得推薦！

蘇聯擁有豐富的酒文化。啤酒在街上秤斤論兩販賣，喬治亞的葡萄酒、亞美尼亞的干邑白蘭地都以美味著稱。本來只有在香檳釀造的氣泡酒才能叫做香檳，但也有一個名為Shampanskoye的知名品牌。當然也有伏特加，這是蘇聯最具代表性的蘇托力伏特加，口感溫和順口。有人會問，伏特加哪有什麼溫不溫和的，但日本燒酎不也有很多種類嗎？而且酒精度數大約是40%，跟威士忌或琴酒差不多，並沒有特別烈。放在冰箱裡充分冷藏，以黏糊糊的狀態一口氣喝下，好喝極了！！

總之，酒在蘇聯是不可或缺的東西。太空人會偷偷地把伏特加帶到軌道上，中亞的伊斯蘭地區對酒的戒律也很寬鬆，大家都把酒當成水來喝，但這也反映出人們的娛

HET!
nyet！(No！)

著名的
禁酒海報

樂缺乏多樣性，飲酒過量和酒精中毒也變成了社會問題，甚至出現「工作時不得飲酒」這樣的海報，可見飲酒風氣之盛行…。由於情況太過嚴重，蘇聯末期的戈巴契夫決定採取對策。他發起禁酒運動，限制酒的流通，導致路上買不到酒。嗜酒成性的人開始把工業用酒精、古龍水，甚至連鞋油都拿來喝（把鞋油塗在麵包上吃內含的酒精）；隨著這個政策完全失敗，戈巴契夫的聲望也一落千丈。實在搞不懂有必要做到那種地步嗎…？

啊，在蘇聯的鄉下還有自製伏特加（Самогон，發音為Samogon）的文化喔。這個傳統延續至今，也會舉辦品評會。

沒，本該工作的人們，竟在大白天酗酒。然而，這些景象並非從蘇聯時代才開始的，其實早在帝俄時期就一直是一大問題。

禁酒令可以追溯到17世紀。

1649年，沙皇亞歷山大·米哈伊洛維奇（Alexander Mikhailovich）下令禁止所有修道院提供「會讓人酒醉的飲料」，但是由於反彈太大，最終不得不撤回。

1914年，沙皇尼古拉二世頒布了「絕對禁酒令」。顧名思義，這個禁令的內容就是一滴酒都不得販賣，但這樣反而導致人們轉而飲用甲醇，

陸續出現生病或死亡的人，最終仍不得不撤回這項禁令。

禁酒令和甲醇引起的事故成為常見的組合，即使在蘇聯成立之後，也屢屢造成人們嚴重的健康危害。

勝利的是酒還是蘇聯？

蘇聯時期一共頒布過5次禁酒令。

第一次禁酒運動是在1918年，當時是禁止製造與銷售所有類型的酒精飲料。不過，這次運動的主要目的似乎是為了打擊沙皇的釀酒廠，以切

蘇聯著名的伏特加品牌有 Stolichnaya、Moskovskaya、Kubanskaya；ubrówka 起源於波蘭，但蘇聯也買得到。其他還有混合白蘭地的 Starka，以及摻有辣椒精的 Pertsovka 等等。

斷白軍的資金來源。蘇聯成立後，這項禁令很快就被撤回，甚至開始出口酒精飲料。

值得一提的是，據說列寧似乎不太喝酒，不過這件事情真假難辨。

接下來是 1929 年。這時的蘇聯是從男女平等的角度出發，讓女性從廚房解放出來的運動正在如火如荼地展開。

人們被鼓勵在公共食堂一起用餐，把酒精趕出晚餐的餐桌上，甚至還創辦了一本提倡健康生活方式的雜誌，叫做《禁酒與文化》，並推薦人們多喝紅茶。

如果這一招成功的話就沒問題了，但結果不言而喻。膨脹且形同虛設公共食堂系統崩潰後，人們又回歸家庭用餐，飲酒的習慣也隨之復活。

1941 年，與納粹德國的戰爭爆發，為鼓舞前線士兵的士氣，禁伏特加一事也就不了了之。據說史達林自己喝的是用羊奶調和的伏特加。

到了 1958 年，輪到赫魯雪夫發起禁酒運動。

首先從禁止在車站內販售伏特加開始。除了餐廳之外，車站售貨亭和路邊攤等處都不得販售。據說這是因為火車司機和維修人員會買來喝，導致事故和停駛頻繁發生的緣故。

更駭人聽聞的是，機場也發布相同的布告，實在不敢想像竟有酒醉的飛行員操縱著飛機。

這次失敗的原因在於赫魯雪夫本人就有嚴重的酗酒問題。像喝麥茶一樣痛飲白蘭地的人，根本不可能嚴格執行禁酒令。

下一個禁酒令是在 1972 年的布里茲涅夫時代發布。

這個人也是個酒鬼，所以這項法令從一開始就是漏洞百出的有名無實法案。

儘管限制製造酒精度數超過 50 度的伏特加，但其他品牌依舊照常生產。對於酒精度數超過 30 度的酒，只規定「上午 11 點到下午 7 點才能販售」。

換句話說，只是改變了飲酒的時間，還連帶造成葡萄酒和啤酒的消費量隨之增加，果真是有布里茲涅夫風格的小聰明規定。

蘇聯最後的禁酒令是在 1985 年的戈巴契夫時代發布。

由於他本人不喝酒，因此規定變得非常嚴格。反過來說，他是個「不懂酒鬼心情的人」，所以愛酒人士都在背後對這項政策喝倒采。

首先是酒的產量減少了四成。再者，餐廳和商店被勒令在下午 2 點之前不得提供酒類。

警察在城內巡邏，一發現平日白天酒醉的人便當場帶走。這些人被隔離在一個名叫「醒酒籠」的設施中，直到酒醒為止。

據說這個「醒酒籠」是非常危險的地方，睡覺的時候全身會被扒個精光。必須支付罰款才能釋放出來，前來迎接的妻子和被關的人在櫃檯前吵得不可開交也是常有之事。

不過，如果從現實的角度來看，戈巴契夫的說法也不是沒有道理。

根據針對莫斯科等都市地區進行的調查，在 1980 年之後的五年間，酒精消費量增加了 13.2％。

因宿醉而缺勤的人也增加了 18％。全國因為酒精依賴而住院的人增加 50％，據說人數高達 2,200 萬，這個數字相當於偉大衛國戰爭的犧牲人數。

戈巴契夫的禁酒令在提升平均壽命和生產力方

使用蘇聯和俄羅斯國徽設計的小酒杯。蘇聯人最喜歡不斷乾杯，為了你的健康，為了你的家庭，為了我們的友誼等等。若真要跟他們奉陪到底，等回過神來事情就大條了。

面確實帶來正面的效果，卻在 1989 年初被實際上廢除。

由於伏特加的銷售規制導致稅收銳減，這是無可奈何的措施。是要以國民的壽命來換取國庫的充裕，還是為國民的健康著想而擴大財政赤字，改革就在一籌莫展的情況下以失敗告終。

在日本這麼做是違法的

戈巴契夫的禁酒令導致私釀酒的泛濫。本來一些家庭就有釀造濁酒的文化，釀酒對他們來說就是生活的一部分，因此釀酒自然並非難事。

私釀酒首先是從釀造 Брага（發音為 Braga）開始。Брага 是自釀啤酒的意思，從中世紀開始就是很普遍的酒精飲料。

原料是白樺或楓樹的樹液，以及用麥子製成的麥芽糖，或者使用蜂蜜。這些使用酵母菌等進行發酵，一到兩週即可完成。根據環境的不同，酒精濃度從 3％到 8％不等。

蘇聯時代是使用砂糖作為原料，據說釀 5 公升的 Брага，需要用掉 1 公斤的砂糖，這導致無法在市場上買到砂糖，造成嚴重的社會問題。

Брага 本身就能直接飲用，但要作為伏特加的替代品，必須加以蒸餾以提升度數，稱為 Самогон（發音為 Samogon，私釀烈酒之意）。

煮沸裝有 Брага 的密閉容器，用裝水的水桶冷卻沿著管道排出的蒸氣。如果蒸餾得宜，5 公升的 Брага 可以製作出 1 公升 50 度的 Самогон，不過這終究是理論上的說法。

假如設備不衛生、沒有控制好溫度，像這類惡劣條件加在一起，就會製成含有大量甲醇的有害私釀酒。

自己喝還可以說是自作自受，但有些不肖之徒會貼上煞有其事的標籤出售牟利。

只要含有酒精不管什麼都可以，這樣的風氣至今依然根深蒂固。從生髮水、香水、殺蟲劑到鞋油等，用各種東西來取代酒的英勇事蹟不勝枚數。這些是否屬於「酒鬼」的範疇呢？希望能來一杯讓我好好地思考。

喝伏特加的俄羅斯人，在把最後一滴倒進杯子的時候，會拚命地把瓶子的酒擠得一滴不剩。這當然是個玩笑話，但愛喝酒的人可以充分理解這種心情。要跟俄羅斯人拚酒到最後會很吃不消的。

津久田

速水

最近有一件事讓我很驚訝，那就是西伯利亞有很多人喝下含有酒精的入浴劑而死亡，而且那些入浴劑還是仿冒品，明明現在不是戈巴契夫的禁酒運動時期……可能對於窮人來說，實在買不起伏特加吧。

ソ連邦 生活ガイド

其2 購物與大排長龍

提到蘇聯，第一印象就是勞工的天堂！但實際上，由於物資長期短缺，因此是生活必需品也很難取得的購物地獄。國營商店經常缺貨，使得以物易物和黑市發展蓬勃。

■人們常說「社會主義國家的工人，由於是在紅旗老闆底下工作，因此缺乏工作熱忱，生產力低落。」然而，蘇聯仍然可以透過其龐大的農業和工業體系來進行生產（只不過缺乏獲利概念，效率極低就是了）；不如說真正的問題在於惡劣的流通和不符合市場原理的不一致生產計畫。■作為與市場原理無關、象徵國家計畫的商品，大多都印有官方規定的價格。不能因為是受歡迎的產品就以高價販賣，也不能為了急著脫手就降低價格，否則就是犯罪！

農民對自由市場的想像。
優質商品應有盡有，不過很貴喔。

在現代俄羅斯幾乎消失不見。
■正文也有提到的 Kacca（發音為 Kassa）方式說明■
①在賣場挑選想要的商品，請店員開二聯單。
②前往 Kacca（支付窗口，目前仍使用這個名詞）。
③支付款項，退回一張單據。
④拿著這張單據去賣場交換商品。
有了這台堅固耐用的磅秤，更有蘇聯的氛圍。俄羅斯傳統的算盤

全程不見生意人的笑容！

農民可以自由使用的耕地只有總體的 3%，產量卻占了總產量 25%。

勞工的天堂是購物地獄

有個名詞叫做「Очередь（發音為 Ochered）」，是指惡名昭彰的排隊人龍。在蘇聯時期，人們會用長蛇來形容這個排隊隊伍，因為它吞噬了人們的時間。

國營商店（магазин，發音為 magazin）的排隊狀況特別嚴重。這裡的價格雖然便宜，但基本上沒有商品，即便有進貨，也會立刻銷售一空，沒人知道下次什麼時候才會進貨。路上到處都可以聽到有人在問：「這是在排什麼？」有些人不知道在排什麼也跟著排隊。

因為有這種情況，公民為了自保，都會囤積物資，這樣又造成新的物資短缺，形成惡性循環。

然而，針對這個物資短缺的狀況，當時的官僚想出的是「蘇聯公民的購買力很強，所以商品一下子便銷售一空」這個荒謬的藉口。

而對於商品充足的西方國家，則是以「由於公民的購買力低下，因此經常還有庫存」的說法來搪塞。

當然，沒有公民相信這種鬼話，就連一向語調溫和的報紙也展開了大規模的批判運動。對蘇聯

★СЛИШКОМ ПОЗДНО, ЭТО СССР!

空無一物

整體氣氛
相當陰沉

蘇聯是勞工的國家，食衣住行、教育和醫療等方面都非常便宜，甚至免費。問題是，就算國營商店的東西賣得再便宜，也很難買得到，尤其是食品…只要看到這裡大排長龍，反正先跟著排隊再說，然後才問旁邊的人在排什麼，這種排隊的景象已然是蘇聯的特色。

80年代在大都市中也出現了超市，不過在收銀台後面有神祕的監視者，也不會提供塑膠袋等，跟現代的超市很不一樣，但現在也有愈來愈多人使用環保袋…蘇聯仍在進步！

■有報導稱，蘇聯解體前後，社會體系陷入一團混亂，有些西方媒體甚至認為可能有人餓死…但舊蘇聯的居民都挺了過去，這要歸功於職場提供有別於街上商店的各種服務、名為дача（發音為dacha）的別墅十分普及（基本上只提供土地，建築物必須自己建造，與一般人所想像的優雅別墅不同）、家庭菜園的收成，以及人脈社會特有的互助…等。生活在蘇聯的人會變得堅韌！■雖然跟購物沒什麼關係，但蘇聯也有彩券和賽馬。最缺的是色情玩意，聽說成人雜誌和泳裝月曆是去蘇聯拜訪時最受歡迎的伴手禮。說到伴手禮，西方的萬寶路香菸也不錯…。
不過，入境蘇聯時，行李檢查遠比現在要嚴格得多，想去蘇聯的話一定要特別小心！

人們常說，這是能將人送上太空卻又需要排隊買食物的神奇國度……

手上提的是名為
Авоська
（發音為Avos'ka）的網袋。
只要帶著它，不論何時遇到購買商品的排隊人龍都沒問題！

◀ 大受歡迎卻不容易買到的頂級美國牛仔褲。雖然也有蘇聯製牛仔褲…。

來說，排隊是社會體制中無法合理化的缺陷。

首先，國營商店的數量本就遠遠不夠，加上肉類、蔬菜、乳製品等商品都分散在不同的商店，光要一趟全部買齊就是一項艱巨的任務。在蘇聯，一家商店就能買到所有商品的超市型商店並不普遍。

此外還有其他問題。許多企業和工廠的下班時間是下午5點，但國營商店也會在6點半或7點打烊，下班回家的顧客只能在不到兩小時的時間內購買商品，這導致週末的國營商店總是出現殺氣騰騰的擁擠場面。

開店時間完全不會延長，不管店外有多少人在排隊，只要時間一到，大門就會像銀行的自動提款機一樣準時關上。

當然，徇私舞弊大行其道。白天偷偷從工作場所溜出來購物還算小事，蘇聯最常見的黑市就是國營商店的後門。有家人、朋友或其他人脈的人不需要排隊，可以迅速地直接從後門進去交錢拿貨，沒有人會責怪他們。儘管程度有大有小，但每個人都會這麼做；無可奈何之下，大家都選擇默認。

總之，勞動道德的崩潰非常嚴重。

117

符拉迪沃斯托克的百貨公司內部裝飾。即使在物資相對豐富的軍港都市，店內也因為節約用電而一片昏暗，完全沒有燈飾和音樂。不清楚這隻猴子是否為什麼角色的人偶。

即便滿載肉類和蔬菜的貨車在商店打烊前抵達，員工們仍會以「想快點回家」為理由，把商品丟著不管就自顧自地下班走人。要是能多加班半小時，將其移入冷凍庫或冷藏櫃中，就能避免腐敗，但這些食品在員工下班的那一刻就已經浪費掉了。

貨車延誤抵達也是一大問題。蘇聯時代的車輛數量本來就不多，應該不至於出現塞車等問題，但司機會為了想早點回家而故意慢慢開，直到最後一刻才抵達目的地。

這種情況的背後原因在於，零售等服務業，以及運輸和倉儲等流通業，都被視為「非生產部門」，所以薪資很低；當然，超時工作沒有加班費也是一個重要原因。

在蘇聯，種植農產品、開採煤礦和鐵礦、在鋼鐵廠工作，這些人都享有優渥的待遇，因為這些東西都是蘇聯珍貴的出口產品，可以賺取外匯。

自由市場和特殊配給

與國營商店完全相反的是自由市場（рынок，發音為rjnok），集體農莊可以在這裡自由出售他們在個人耕地上收穫的農產品。表面上是「剩餘品」，但實際上是許多農民的重要收入來源。品質、新鮮度和品項都遠遠超過國營商店。

然而，價格也很驚人，通常是國營商店的4到5倍，10倍也不是什麼稀奇之事，在嚴冬期等蔬菜短缺的時候，價格甚至會飆漲到20倍。當然，能夠經常在這裡購物的人非常有限，一般只有在家中有人生病等特殊情況下才會利用。

填補自由市場和國營商店之間差距的是特殊配給（паёк，發音為payok）。

這是企業與集體農莊簽訂契約，接收農產品的系統。員工事先申請希望購買的商品，支付費用後，商品就會送到公司。各家企業與集體農莊的關係各不相同，品質的高低、種類豐富程度和供應的穩定性，全憑負責交涉特殊配給的人有多少本事。

這些情報通過口耳相傳，也影響到即將就業的學生求職人數。日本的「優良企業」是受到發展性和薪資等因素的影響，但在蘇聯，特殊配給的充實度也是一個重要的衡量標準。

順帶一提，最高等級是共產黨中央委員會成員專用的配給，稱為「Кремлевский паёк（發音為Kremlyovsky payok）」，從高級毛皮大衣到魚子醬，各種物品應有盡有。

最著名的是面對莫斯科紅場的國家百貨公司，這是革命前就存在的歷史建築，在蘇聯時期因為物質缺乏，而被嘲笑為「十貨公司」。裡面有專門為VIP設立的店鋪。

入口位於不起眼的地方，沒有任何招牌。看似貴婦的女性或聘用司機會匆匆走進去，過了一會便拎著大包小包的東西走出來。品質和數量都是最高等級，價格卻和國營商店一樣，這就是亮點所在。

另外，還有一種專為特派員和駐留人員這類駐留在蘇聯的外國人設立、名為「Берёзка（發音為Beryozka，白樺的意思）」的外幣商店。

儘管販售肉類、蔬菜、日用品等，但據說到了冬天，蔬菜類就會供不應求。為了自保，西方人會帶來大型冰箱，囤積大量的冷凍食品。

當然，一般老百姓也對囤積食品非常熱衷。人們到了假日不是前往郊外採摘蘑菇或野草莓，就

在莫斯科觀光的時候，被黑市商人強迫推銷「Vostok Komandirskie」腕錶的現場，當時花了約15美元。錶上保留著車床加工的痕跡，馬馬虎虎的精準度別有一番「風味」。順便說一下，3天會出現大約5分鐘的誤差。

是租借土地種植家庭菜園。收穫的食物會做成果醬或拿去醃漬，為冬天作準備。

這些物品被拿去以物易物，逐漸形成非官方的流通網路。最終擴大到各種商品，餐廳女服務生甚至會販賣俄羅斯航空的機票，偏鄉老人也開始買賣起珠寶和貴金屬。

俄羅斯有句古老的諺語說：「擁有100盧布不如擁有100個朋友。」對蘇聯公民來說，這句話可能是他們的座右銘吧。

日用品和家電產品也一樣有物資短缺的問題。

隨著住宅增加，洗衣機、冰箱和電視的需求也與日俱增，反觀錄音機和收音機的需求就沒那麼大了。收音機已經廣泛普及，而錄音機只受到年輕人的歡迎，老年人應該不感興趣。

順帶一提，錄影機更是不受歡迎，因為其價格相當於一般勞工的年收入，根本沒人買得起。

這些高價商品通常是企業買來獎勵優秀勞工的，其中以自用汽車特別受歡迎。

當然，也有一些完全不會缺貨的商品，例如共產黨的海報、宣傳手冊和最高領導人的著作等。

★ 如果沒肉吃，那就吃魚吧……

據說蘇聯在布里茲涅夫政權末期，物資短缺最為嚴重。縱然如此，莫斯科還算是較為充足的地方。在鄉村地區，肉、香腸、奶油等食品都是透過配給制供應。

上頭突然下令增產香腸，卻沒有足夠的肉，因此添加大豆加工品作為替代品，但據說味道很淡，口感極差。

1976年，為了抑制肉類消費，發起了「吃魚運動」，並將每週四定為「魚之日」。

這個運動讓日本深受其害。1977年，蘇聯突然宣布「將本國沿岸200海里劃為專屬漁業水域」這個「200海里宣言」。被指定的海域大部分都和日本的漁業水域重疊，鮭魚、鱒魚和鱈魚等漁業都面臨毀滅性的打擊，引發了軒然大波。

然而，此舉並沒有讓蘇聯的魚類消費量大幅增加，蘇聯人最喜歡的依舊是牛肉和豬肉。

每到假日，蘇聯都市各處都會出現跳蚤市場，其中賣鞋的方式頗有意思。賣家只帶著一隻鞋，等待買家出現。聽說一次把兩隻鞋都拿出來會被搶走。

津久田

速水

縱使商店空無一物，也可以透過職場或人脈勉強弄到生活必需品……這種自己設法籌措的生活方式很蘇聯。這方面的數字很難反映出來，或許這就是蘇聯經濟難以理解之處吧。

ソ連邦 生活ガイド

蘇聯產品好用嗎？

人們常說蘇聯產品看起來土裡土氣。儘管俄羅斯前衛藝術曾一度引領全球設計的風潮，卻在史達林時代停滯不前；另外，會爆炸的電視等劣質產品也相當引人注目。

★СЛИШКОМ ПОЗДНО, ЭТО СССР!

與冷戰後的世代聊天時，有時會發現他們對蘇聯產品的印象，似乎仍停留在像卡拉希尼柯夫自動步槍（簡稱AK步槍）或聯盟號太空船一樣簡單且可靠度高…不不，如果所有蘇聯產品都是這樣的話，應該會像AK一樣風靡全球才對！
蘇聯的民生品…尤其是機械類，品質極不穩定，更新也很慢；另一方面，由於缺乏成本意識，有時會做出一些驚人的東西…充滿著與資本主義常識截然不同的魅力。

蘇聯品質保證標誌。

以不可靠著稱！

Zenit-C 相機
一開始抄襲德國的Leica相機（順帶一提，日本也曾這麼做過），後來發展出自我特色，變成單眼式的蘇聯相機。雖然品質有著極大的落差，但如果幸運買到品質比較好的就很好用，而且鏡頭非常優秀…可以說是象徵蘇聯產品的世界。

經由 Lada VAZ-2101 飛雅特124所授權生產，所以不算抄襲。
從1970年到1984年不斷大量生產，還出口到西方國家。

飛雅特汽車公司與共產國家的關係良好。

有個小故事這麼說：「買東西就買在一週中間生產的產品，因為前半段宿醉，後半段是趕工出來的，品質都很粗糙。」而且蘇聯的做法是，就算品質不佳，容易損壞，也得自己修理，全部DIY！售後服務這樣的概念是不存在的！

應有盡有，只是找不到而已

雖然沒有根據，但提到日本人喜歡的蘇聯產品，大概只有魚子醬吧。俄羅斯娃娃可能在一開始成為討論話題，但過了15分鐘之後，感覺就跟嘴裡叼著鮭魚的熊裝飾品沒什麼兩樣。

天然資源終究是蘇聯的主要出口產品，就算出口電腦，會特地去買的人頂多也只有速水螺旋人先生。

當然，蘇聯實際上也有各式各樣的產品。有件事經常受到誤解，那就是「短缺」和「不存在」是不同的情況。

蘇聯再怎麼樣也是個名符其實的工業國家。舉凡音響設備、吸塵器、全自動洗衣機等，生產的商品種類相當豐富。

話雖如此，蘇聯產品給一般人的印象是設計俗氣，品質不佳。

以乾電池為例，直到80年代末，外殼還是用紙包裝的。另一個特徵是擁有西方沒有的規格，像是把2號電池拉得長長的奇怪電池。若能弄到這種電池，就可以讓我家的蘇聯製蓋格計數器啟動了。

據說從 1960 年代的時尚開始，蘇聯服裝品質都不錯，但現成品款式實在少得可憐…這也是許多家庭自己做衣服的原因之一，不過日本從前的人也都是自己在家做衣服。

手上的玻璃杯是史達林時代設計的蘇聯產品象徵之一。

堅固耐用，手感很好，我也很常使用。火箭牌腕錶，我也很常戴。設計精美精準度也不錯！是手動上鍊的。

蘇聯自視為超級大國，大部分的工業產品都是自己製造的，品質姑且不說。蘇聯解體後，之所以能度過 1998 年盧布大幅貶值危機，製造業的生存是其中一個原因，但是 21 世紀的現在，俄羅斯的製造業反而顯得有氣無力…。

吸塵器真是可愛的設計♡

AppleⅡ的蘇聯製複製機「瑪瑙（Arat）」個人電腦這類電子產品被禁止出口到蘇聯。另一方面，8 位元 MSX 不在規範範圍內，因此在蘇聯受到廣泛使用，還被複製生產。它因為被帶到太空站「和平號」上而聞名。

用來煮水的電湯匙是日常生活中會用到的蘇聯產品之一。只需要放進杯子裡即可煮沸，簡單方便！

傳統的俄羅斯掃帚，形狀與日本的不同，很有趣。

電視經常爆炸是因為電容器出了問題。

火災原因前幾名…

BKAM

蘇聯也有遊樂場和大型電玩！但開發遊戲功能的企業會不惜花費額外的精力以獲得預算，導致成本高得嚇人，這是蘇聯才有的特色…。

另外，彩色電視可說是惡名昭彰的家電產品代表，是一種被稱為「彩色惡魔」的家用超級武器。因為它會突然爆炸，將方圓 5 公尺化為一片火海，毫無穩定性可言。然而，蘇聯的消費者別無選擇，因為他們沒有換成其他製造商的產品這種理所當然的選項，況且生產會爆炸的電視機的工廠，也不會因此失去市場的信任而倒閉。

當然，並非所有的家電都會爆炸。例如冰箱，在西伯利亞是用來「保存不想結凍的食物」的必需品，雖然外觀像古董，但性能非常穩定。

蘇聯也有類似於日本 JIS 規格的 ГОСТ（發音為 GOST，國家標準規格），認真的工程師們也在進行產品研發。

問題在於不遵守設計圖和規格書的懶散生產管理，無法排除不良品的檢查體制不完善，以及缺乏售後服務的概念。不接受「這不就是全部都有問題嗎！」的吐槽。

★ 俄羅斯前衛藝術

如今，蘇聯產品因為懷舊和品味這層意義而重新受到評價，不僅俄羅斯本國，就連日本也有專賣店；儘管愛用者會多少感到有些不便，但他們

蘇聯製彩色電視。開關打開後，陷入短暫的沉默，隨即發出嘰咿咿咿的尖銳聲響，畫面砰的一聲出現在螢幕上。後來我去莫斯科的科斯莫飯店住宿時，發現電視已經全部換成三星的。

似乎仍享受著這種獨特的質感。

然而，昔日的蘇聯曾是引領世界設計的先進國家，而「俄羅斯前衛藝術」正是牽引這股風潮的力量。

一般來說，它被定義為從1900年代到1930年代中期興起的前衛藝術活動，對美術、戲劇、電影等方面產生巨大的影響。

對公民生活直接影響的是建築。設計和色彩設計等領域，也反映在日用雜貨和出版物上面。

蘇聯政府也對俄羅斯前衛藝術抱持善意，這個活動被視為與革命精神相通的「創新表現」，藝術家也期待能在新的國家體制下，大膽地進行自己的實驗。

諸如平面設計等，初期是被應用於政治宣傳的海報上。蘇聯成立後，開始轉向各種產品的包裝設計。

不像資本主義國家那樣「為了銷售而設計」，而是認為即便只是糖果的包裝紙，也應該把真正的藝術帶給一般民眾的想法激勵著藝術家們。

這股風潮也對德國的包浩斯（Bauhaus）等學校帶來影響，但跟他們遭受納粹的迫害一樣，俄羅斯前衛藝術在史達林時代也逐漸受到排斥。

史達林本來就對藝術沒什麼興趣，只對主題簡單易懂的寫實畫，以及喀秋莎等民謠有粗淺的認識。蘇聯的產品也逐漸回歸古典的設計。

宇宙設計的風潮

1950年代，新的產品設計風潮席捲了蘇聯，那是來自太空的禮物。史普尼克和加加林帶來了流線型和不鏽鋼的時代。

1964年於莫斯科興建的「太空征服者紀念碑」，其設計呈現的是畫出一條大大的弧線升空的火箭軌跡。而1967年完成的「奧斯坦金諾電視塔」，就宛如一枚巨大的火箭。

1980年於列寧大道建造的加加林紀念碑，全部都是以鈦金屬打造，其雄偉的形象正如超級英雄一般。

平常動作總是慢半拍的蘇聯當局，也像是在說「只能乘著這波大浪」一般跟上風潮。吸塵器、熨斗、收音機等產品皆紛紛採用流線型設計；然而，敗絮其內，內部只是繼續沿用現有零件的產品也不在少數。

蘇聯產品在概念藝術和試作階段也有出色的設計，但可惜的是無法沿續到產品。即便是未來感設計的電視機，內部仍然搭載著過時的映像管。

以發明隨身聽而聞名的SONY創辦人盛田昭夫先生，曾以日本政府經濟代表團成員的身分受邀訪問蘇聯；據說當時有人拿了一些老土的產品給他看，要求他給予建議。

盛田先生沉吟了半晌後，反問：「你們擁有音樂、繪畫、芭蕾這些在全球享有盛名的優秀藝術，為什麼這些才能沒有體現在設計上呢？」

對方點頭稱是，只回答了一句：「我們明白您的意思。不過，設計不屬於我們的管轄範圍。」

女性時尚舉世皆然

在如此的設計荒漠中，女性升起反擊的狼煙。時尚是世界共通的話題。當然，蘇聯女性也在追求時尚。她們以時裝雜誌上都有的附錄作為樣板，自行挑選布料，親手縫製襯衫和連身裙。

其實，蘇聯也有著名的Прет-а-порте（發音為prêt-à-porter，成衣的意思）品牌。

在莫斯科散步時看到的滅火器招牌，上頭寫著「買來做好火災準備吧！」之類的話。看來人們很容易把火災和電視放在一起聯想。

該品牌的設計師名為維亞切斯拉夫・扎伊采夫（Vyacheslav Zaitsev）。

他出生於1938年，是個像山本寬齋一樣的人物。在學習紡織和染色的技術後，從莫斯科紡織大學畢業，隨後進入莫斯科郊區的一家裁縫工廠工作。

在這裡，他推出為女性工人設計的工作服系列，卻遭到保守的勞動委員會拒絕採用。這一連串風波引起了海外媒體的關注，使他得以與皮爾・卡登（Pierre Cardin）等知名的西方設計師建立聯繫。

扎伊采夫積極地展開活動，並於1970年的大阪世博會上設計了蘇聯館的接待員制服。很快地，他成為西方唯一知名的蘇聯設計師，甚至獲得「紅色迪奧（Red Dior）」的別名。

1980年，扎伊采夫負責設計莫斯科奧運的蘇聯代表團制服，同時開設了自己的品牌「Слава зайцев（Slava Zaitsev）」。他因為這一系列的成就

而獲頒「榮譽勳章」和「資深勞工獎章」，這一點很有蘇聯的風格。只是，扎伊采夫本人是直到1986年才獲准出國。

順帶一提，從Slava Zaitsev的工作室步行約30分鐘，即可到達莫斯科中央軍事博物館。參觀完戰車後，順道去欣賞俄羅斯的最新時尚，說不定也滿有趣的。

另外，蘇聯解體後，俄羅斯出現了新的時尚領導者，他就是瓦倫丁・尤達什金（Valentin Yudashkin）。

尤達什金以設計新俄羅斯軍隊的制服而聞名，但他在襯衫衣領採用鈕扣領，而且制服的材質看起來像是日本在泡沫經濟時期流行的軟質西裝，完全看不出軍隊的威嚴。

儘管是繼承自蘇聯時代的設計，但上面提到的「民間廉價成分」產生了奇怪的化學反應，導致原本貨真價實的軍服散發著角色扮演的氣息，變成一場災難。

蘇聯產品有種獨特的氣味，印刷品尤其明顯；不光是書籍，標籤和包裝材料也有這個特徵。在判斷蘇聯物品的真偽時，「聞氣味」是個不容忽視的重點。

津久田

速水

火箭牌腕錶是我平常會使用的蘇聯產品之一。設計得很漂亮，精準度也不賴，機械式手錶即使壞了也可以修，優點多到數不完！只不過有的腕錶會結露就是了……。

即使是社會主義體制，也會產生犯罪組織。這些組織控制著監獄，販賣走私品，有時甚至出口到國外。蘇聯解體後，他們的勢力更加壯大……但這是另一個故事了。

Блатной

Blatnoi

在官僚主導的僵化社會主義國家蘇聯，基於市場的服務極為缺乏，於是發展出一套非正式的體系來彌補這一點。例如即使在工廠，有時也會無法以正常管道取得需要的物資，所以出現一種專門四處奔波、設法解決問題的職位。犯罪組織就是透過充當這種「社會潤滑劑」的角色來獲得力量，他們是在幕後掌控人員、物資和金錢的存在，任何犯罪組織應該都有這樣的部分吧。這類「屬於犯罪社會的人」稱為 Блатной，這些人不是普通的罪犯，而是遵守結社規則的人，或是光榮的盜賊…類似這樣的意思。有時也被視為與蘇聯體制抗爭的英雄，但實際上並不如想像中的那麼美好，這也是各個國家共通的情況，有點類似日本的黑道。「Блатной」的語源「блат（發音為blat）」意指關係、犯罪行為本身…等，原本似乎是烏克蘭港口城市敖德薩的黑社會所使用的意第緒語（東歐猶太人的語言）。正如文中所述，Блатной 趁蘇聯解體後的混亂，勢力變得更加壯大。其中一部分合法化，變得有如一般人，這或許也是犯罪組織共通的動向吧……。

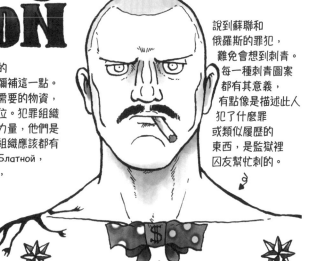

說到蘇聯和俄羅斯的罪犯，難免會想到刺青。每一種刺青圖案都有其意義，有點像是描述此人犯了什麼罪或類似履歷的東西，是監獄裡因友幫忙刺的。

各種黑幫

儘管人們處處受到拘束，但由於有KGB等治安機關的存在，因此蘇聯的犯罪率偏低，往往被認為是治安不錯的國家。然而，現實並非如此。

搶劫、強姦、殺人可以說司空見慣，晚上外出更是一件危險的事，還有被稱為黑幫的犯罪組織潛伏在比夜晚更深的黑暗中。

其根源可以追溯到帝俄時期的「Сука（發音為Suka）」，意思是母狗或受刑人，總之不是什麼好的意思。只要受到同伴的認可，就能在手背紋上錨的刺青。其實，Сука 這個詞也有「錨鏈」的意思，它代表著黑幫特有的如鐵一般的凝聚力。

1920 年代，人們開始將 Сука 稱為「Уголовники（發音為ugolóvnik）」。這個詞是「前科犯」的意思，沒有進過監獄的人不會被稱為 Уголовники。

這些人非常重視義氣，將組織視為神聖不可侵犯。他們只遵守自己的規定，不承認外部的法律，即使在監獄裡，仍堅持反抗態度，忍受獄警的懲罰，從而贏得同伴們的尊敬。

這有點類似修行僧的苦行，但這些人擁有獨特

★Слишком поздно. Это СССР!

有人類在嗎？

■Блатной 也控制著集中營。「有人類在嗎？」這句話是認可 Блатной 為人類的黑社會行話，進入牢房後，先以這樣的方式進行自我介紹，最好的座位就會有人說「過來這邊！」，從此加入監獄的貴族行列。Блатной 儘管敵視體制，認為告密者罪該萬死，但他們畢竟是囚犯，為了掌控集中營的生活，仍必須與獄方的管理層打交道…嗯，這也沒辦法。他們對不會搶走一般人的麵包感到自豪，但除了麵包以外的東西都會搶走……Блатной 的勢力之所以能在集中營裡變得強大，除了有黑社會的人脈和為人處世的技巧之外，還加上他們所犯下的罪與政治犯不同，被認為沒有反革命的意圖，所以才能擔任政治犯無法擔任的各種囚犯職務……這似乎是很重要的原因。

當然，蘇聯並沒有縱容犯罪社會，像史達林時代就曾進行過嚴格的掃黑行動。但在布里茲涅夫時代，有些黨幹部與黑社會勾結，透過非法交易或貪污來積累財富…（儘管這些弱點經常成為被革職的理由），果然是「絕對的權力使人絕對腐化」。

■犯罪組織的種類繁多。車臣系、喬治亞系的組織就是依靠其根深蒂固的地緣血緣關係（現在也一樣）。另外，在大戰結束後不久，戰爭孤兒拉幫結派而形成暴力集團，一度變成治安問題…。蘇聯這個表面社會是透過多元的犯罪文化從背後彌補其不足，也是反映其複雜的歷史和社會結構的象徵。

■與這些罪犯對抗的是各種治安機關，其中所謂的警察被稱為「милиция（發音為militsiya，民警的意思）」。為什麼要特別用「民」這個字呢？因為它最初是帝俄時代的警察，在革命解散後由勞工組成，後來才逐漸發展一般的警察。雖然稱為民警，但和其他國家的專業警官沒什麼兩樣。蘇聯解體後，有很長一段時間一直是милиция，直到2011年才恢復帝俄時代的名稱「полиция（發音為politsiya，警察的意思）」。由於社會動盪，無法得到應有的報酬，導致貪污情況非常嚴重，但現在似乎已經改善了不少。

■80年代的女警。我在以前的遊記中曾經提到，蘇聯到處都看得到軍人。確實軍人十分醒目，但制服的基本設計都一樣，看來有很多都是民警被誤認為軍人的樣子。階級章也跟軍隊一樣，怪不得有民警上尉這樣的稱呼。

的世界觀，或許跟宗教有著高度的親和性。

新世代的黑幫是「Рэкетир（發音為Reketir）」。這些人的生財工具是大卡車，簡單來說就是「走私者」。他們利用改革開放時興起的合作社提供必要的物資，以擴大自己的勢力。

1990年左右，Рэкетир 的月收入為6,000盧布，而戈巴契夫總記的月收入為1,200盧布，這樣的所得是領導人的五倍。

「Цеховик（發音為tsekhovik）」是非法公司。社會主義體制禁止私人企業，但 Цеховик 在革命後就已經存在。

他們透過兩種帳簿來侵吞國營企業製造的產品，拿到黑市上販售。當然，除非是經營者，否則無法做到這樣的事情。

著名的 Цеховик 中，有一位名叫沙亞·沙克曼（Shaya Shakerman）的人。他將縫紉機帶到智障人士的機構裡，以復健為名義，暗中讓他們生產大量衣服販售。到1963年被逮捕的時候，他已經是控制60家非法企業的「企業家」，非法獲利高達350萬美元，最終被判處死刑。

順帶一提，蘇聯最大的 Цеховик，是1974年被揭發的「毛皮黑幫（Меховая мафия）」。他們

在中庭享受日光浴的囚犯。這裡感覺像是刑期較短的監獄，在攝影師離開之後，他們將回歸什麼樣的「日常」，大概只能憑想像了。摘自「蘇聯的審判」（APN出版局，1989年）

在哈薩克共和國設有據點，透過非法途徑取得毛皮，一手包辦加工、銷售到出口等業務。

當時的KGB主席尤里‧安德洛波夫親自指揮，共逮捕了約500人，帶頭的有4人，其中一個人就藏有500萬盧布的鈔票、20公斤以上的金塊和不計其數的寶石，最終被判處死刑。

據說這起事件還牽涉到布里茲涅夫總書記的妹夫茨維貢，相傳他在安德洛波夫威脅逮捕後選擇自殺。

還有一個關於Цеховик和Уголовники的著名事件。1979年，知名的老大們聚集在斯塔夫羅波爾州（Stavropolye）名為基斯洛沃茨克（Kislovodsk）的一處度假勝地召開祕密會議。

當時Уголовники向沒有武力的Цеховик索討保鏢費，最後雙方以支付銷售額的10%作為條件達成協議。

黑幫的身分制度

和其他國家的犯罪組織一樣，蘇聯黑幫也有眾多組織，並存在著身分制度。從小弟開始一步步地崛起，過程也是一樣。

入獄次數就是衡量的標準。多次被捕入獄，有時也意味著是替老大頂罪。

監獄內的階級大致分為四個，其中屬於黑幫的人占了前兩個階級，但實際上還有更細的分類。這些階級是以獨特的暗語來稱呼，許多詞彙就算翻譯也不懂是什麼意思。

「Блатной」是最高的階級，就是速水先生在插畫中介紹的人。

這些人在監獄裡有分配物資的權利，負責維持秩序，解決囚犯之間的糾紛，就如同日本的牢名主一樣的存在。

「Вор в законе（發音為vor v zakone）」被視為Блатной中的菁英。

這個詞彙翻譯過來是「立誓者」的意思，堪稱是君臨Уголовники頂點的黑暗皇帝。

他們即使身處監獄，也能與外界取得聯繫，弄到香菸和伏特加也不是什麼難事，就連獄警們也不敢招惹他們。據說整個蘇聯只有約20個Вор в законе，但真相仍是一個謎團。

「Мужик（發音為Muzhik）」是「囚犯」的普通名詞，但在這裡是「男人」的意思，為組織的一員。與Блатной一樣，忠於組織的規則，從不配合監獄的工作，也不甩獄警的命令。

第三個是「Козлы（發音為Kozlj）」。「山羊」的意思，這是與黑幫無關的囚犯。

這些人大多都很老實，也服從獄警的命令。儘管收到家人寄來的東西，但這些會被視為所有受刑人的共同財產，有時甚至被獄警集體私吞。

第四個是最低階的囚犯，他們受到的待遇非常悽慘。

「Петух（發音為Petux）」是「公雞」的意思，他們是為其他受刑人提供性服務的男妓，沒有如同其他罪犯一般被當成人類對待。「Шерсть（發音為Sherst）」是「告密者」的意思，他們會向獄警舉報監獄內的不法行為，一旦身分曝光就會死無葬身之地。

「Мусора（發音為Musora）」是「垃圾」的意思，他們的真實身分是遭到免職的前警察，一旦被揭穿身分，就會被殺掉或變成Петух。此外，監獄裡有徹底無視Мусора的慣例，假如有受刑人與其交談，這個人也會受到制裁。

СЛИШКОМ ПОЗДНО, ЭТО СССР!

內務部的優秀勤務表揚徽章，相當於舊日軍的善行章。盾與劍的組合是蘇聯治安機關的傳統圖案，無論時代如何變遷仍一直傳承下來，也受到現在的俄羅斯聯邦安全局採用。

日本人也被盯上

說到其重要資金來源，就不能不提到賣淫。

來蘇聯訪問的外國人，會被強制安排在專門的飯店住宿，辦完入住手續一進入房間，立刻就會接到誘惑的電話。飯店櫃檯也是同一夥的，所以女性們都知道客人住在幾號房間。

酒吧和餐廳是她們的主場，而監督的總管通常都坐在裡面的位子。一旁的保鏢散發著殺氣，看似要殺人就跟打開番茄醬瓶蓋一樣輕而易舉。

談好價錢後，女性就會跟客人一起前往房間，每層樓也有保鏢確認她們進了哪個房間。

結束後，女性會返回總管那裡，報告是否遇到不當殺價或暴力行為。順帶一提，日本人對她們評價似乎不錯。理由不外乎「沒有體臭、不討價還價、快速方便」等，讓人有種複雜的感覺。

蘇聯的賣淫活動不光只是針對外國人。1971年，亞塞拜然共和國的巴庫市就被破獲了一處淫窟，有將近1,200名女性被送進收容所。

罪名很有蘇聯風格，稱為「徒食者」——未就業者之意，在蘇聯沒有就業是一種罪。「賣淫是落伍的資本社會特有的犯罪，跟得到性解放的蘇聯女性毫無關係」，是蘇聯的官方立場。

由此看來，黑幫與當局的鬥爭，最終可以說是以黑幫的勝利告終。

蘇聯時代的末期，政府將飯店、餐廳、工廠等資產股份化，並向國民發放股票。然而，只熟悉社會主義經濟的一般老百姓，更需要的是現金。

黑幫利用其財力買進大量股票，控制各種企業的經營權。

蘇聯解體後，他們作為新興財閥，與俄羅斯聯邦政府建立共存關係，一路繁榮發展下去。莫斯科被稱為全球賣出最多勞斯萊斯的城市，房地產和物價甚至高於東京。

最後，這篇文章提到各式各樣與黑幫有關的詞彙，如果有人計畫前往俄羅斯旅行的話，最好避免在當地使用這些名詞，以免惹禍上身。

1990年左右，當地朋友告訴我一個故事。有個往返於波蘭和蘇聯的走私販，一開始開著破舊蘇聯車，第二年換成二手日本車，到了第三年改開全新賓士。可惜老兄後來搭上老大的女人被人做掉了。真是膽大包天的短暫人生啊。

津久田

在90年代蘇聯解體後的俄羅斯，曾出現過一種看似黑道的裝扮，那就是穿著愛迪達的球衣。在描寫俄羅斯黑幫時，請務必以此作為參考。

速水

蘇聯也有娛樂活動。其中最省錢的活動就是散步和享受日光浴。由於電視頻道選擇不多，大部分都是嚴肅的節目，所以電影也很受歡迎。另外，擁有郊外的別墅是人們的夢想。

據說醃漬物的汁液對解宿醉很有效果…

戶外的休閒活動在傳統上很受歡迎。平時野餐或釣魚，冬天滑雪（當然是越野滑雪），秋天採蘑菇…。蘑菇在俄羅斯和烏克蘭飲食不可或缺，也會拿來做成醃漬物。

蘇聯的假日…實在很難用三言兩語來說明，畢竟蘇聯有著74年的歷史和廣闊的國土；就算不是假日，其他主題也是如此。

遇到勞動節或革命紀念日這樣的日子，人們會被動員起來參與活動，有時候會被要求從事突擊勞動，比如史達林時代的斯達漢諾夫運動…如果要在這些活動中列舉出蘇聯特有的活動，那就不能不提到дача（發音為dacha）了。дача通常被翻譯為別墅，但其實只是分配到一塊土地，建築物得自己想辦法生出來，這時就要發揮蘇聯平民生活中根深蒂固的DIY精神。他們會自己動手建造баня（發音為Banya，三溫暖的意思），家庭菜園則對缺乏新鮮蔬菜的家庭帶來幫助，更在蘇聯末期的混亂中救了自己一命；每到假日，人們會在баня中悠閒度過時間。

儘管現代俄羅斯增加了不少業者興建的建築，但баня文化依然存在。

從1967年開始實施週休二日！

★蘇聯的娛樂情況

蘇聯人民究竟是如何享受生活的呢？不，我沒有奇怪的意思，只是想談談他們的休閒和娛樂。雖然通常給人一種狂飲伏特加直到醉得不省人事的形象，但其實蘇聯人民也有知性、健康、有效率的休閒方式。

最為常見的娛樂就是散步了，畢竟電視的頻道只有兩台，如果播的是討論節目和新聞評論，不出去透透氣怎麼受得了。

天氣好的日子，各地的公園和河邊的步道都擠滿了人。大型公園需要支付入場費，但有摩天輪等娛樂設施，不過人們的目的主要是曬日光浴。住在高緯度地區的人，如果夏天沒有充分地曬太陽，到了冬天就會生病。

其次省錢的活動就是看電影。最新的電影，票價為1盧布，對日本人來說，這差不多是家庭餐廳的午餐價格。由於不用排隊就能進場，有資料顯示，蘇聯人平均每年會去電影院23次。

蘇聯電影給人的印象是艱澀難懂的藝術片，但其實也有豐富的愛情片和喜劇片，甚至還有以美國西部片為原型、不輸義大利式西部片的蘇聯式

★СЛИШКОМ ПОЗДНО, ЭТО СССР!

從60年代開始，假期變得更長了。雖然取決於工作條件，但70年代的科學、文化和教育工作者，夏天假期長達48天……。
一般蘇聯平民幾乎不可能出國旅行，但國內旅遊卻相當盛行。
職場的工會負責和度假勝地的設施斡旋，使員工得以低價使用。
最受歡迎的度假勝地包括克里米亞和索契等黑海沿岸地區；
此外，孩童在暑假的時候會去參加 пионер（先鋒）營。
這個營隊象徵蘇聯生活的一部分，很多大叔大嬸都很懷念那些日子。
儘管 пионер 隨著蘇聯解體而消失，但民間似乎也成立類似的組織，並舉辦營隊活動。

說到休閒娛樂，下棋是常見的一種活動。到了80年代，遊戲中心開始出現，魔術方塊在蘇聯開始流行。■人們也很常去劇院。從歌劇、芭蕾、管弦樂團公演這類傳統表演，乃至實驗性質的小劇場，票價都很便宜，任何人都能夠輕鬆欣賞。在蘇聯，熱門的表演一樣很難買到門票。■文中有介紹賽馬，同樣可能令人感到意外的是彩券。獎品包括汽車、電視、相機等，這是蘇聯才有的嗎？
■儘管當局對搖滾樂不太友善，但包括合成器在內的電子樂器是存在的。餐廳裡有樂團現場演出，人們在嘈雜的音量中盡情跳舞…。
日本吉他先驅寺內武，也曾經在蘇聯的演出期間大受歡迎。

索契的海岸不是沙灘，遍地都是石頭，畫畫的時候要注意這一點。

西部片。當然不會有色情片，但有些描寫犯罪的動作片被指定為R-16級。

像《星際大戰》和《第一滴血》這類好萊塢電影也有在蘇聯上映，不過這裡有個問題，那就是在蘇聯放映的電影沒有字幕或配音。不論演員的性別、年齡，所有台詞都由一位男性旁白低聲朗讀出來。這種方式有點類似無聲電影的解說員，原始的聲音也被保留了下來，我想日本人看這種電影應該會覺得很悶。

說到蘇聯，當然少不了舞台藝術。芭蕾舞、歌劇和戲劇都是世界一流的娛樂演出，依類型設有專用劇場也是其特色之一，例如專門演出諷刺劇的諷刺劇院、針對兒童的中央兒童劇院、以詩人普希金（Alexander Pushkin）的作品為主題的普希金戲劇劇院，還有專門的木偶劇院等。

在諷刺劇院裡，有許多敢於公然批評體制的勇敢演員，有些人甚至以默劇方式嘲諷劇院被安裝了竊聽器，引來一陣哄堂大笑。

一般公民在公寓裡抱怨蘇聯體制後，會對著天花板或牆壁補上一句「這不是我的真心話」或者「不過我們國家什麼都有」，這種方式已然成為傳統的搞笑段子。

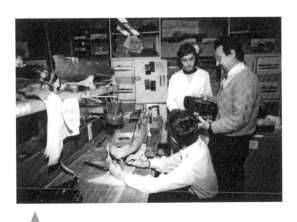

莫斯科的遙控模型愛好者俱樂部「莫斯科模型中心」的內部情景。這裡專門製作船舶模型，還有一座可供潛艇和水面艦模型運行的大型室內游泳池。

★閱讀和觀看運動比賽

繼承帝俄遺產的蘇聯也是一個文學國家。東京的神田有一條古書店街，其實莫斯科也有類似的地區。

那是位於盧比揚卡的KGB總部後方，緩緩彎向莫斯科大劇院的庫茲涅茨基大街（Kuznetsky Most）。

這裡是蘇聯所規劃的第一條觀光步道，當時的計畫是將建築外觀、街道和路面統一為「優良傳統的俄羅斯風格」。儘管如今已變成一條普通的車道，但沿路仍有一些小商店，勉強保留著當時的風貌。

蘇聯鼓勵大人和小孩都要閱讀，但學校圖書館的方式有些特殊。孩子們不能自由挑選書籍，而是先向圖書館老師諮詢自己想要閱讀的類型或主題，老師會根據學生的學習狀況，挑出適合的書籍借給孩子。

蘇聯沒有動畫或特攝節目相關的角色商業活動，因此孩子們不會玩變身成超級英雄的「角色扮演遊戲」，他們大概都是將自己想像成古今中外的英雄或神話中的主角。

話雖如此，孩子們在遊戲時扮演「伊利亞・穆羅梅茨（Ilya Muromets）」或「亞歷山大・涅夫斯基（Alexander Nevsky）」的情景實在令人難以想像。對他們來說，最熟悉的英雄是體育選手。

蘇聯沒有職業運動聯盟，但有國家的業餘隊。每年都有令國民狂熱的球隊展開激烈的對決，其中又以足球、冰上曲棍球和籃球特別受歡迎。

「ЦСКА（CSKA）」這支足球隊在日本也很有名，這個名字是「中央陸軍體育中心」的縮寫，全名是莫斯科中央陸軍職業足球俱樂部。

它原本是陸軍的球隊，同樣的還有「ЦСКВВС（中央空軍體育中心）」和「ЦСКВМФ（中央海軍體育中心）」。

說到傳統勁旅，就不得不提到1922年成立的「莫斯科斯巴達克足球俱樂部」，以及它的死對頭「莫斯科發電機足球俱樂部」。莫斯科發電機足球俱樂部與治安機關GPU頗有淵源，據說史達林時代的首長貝利亞就會干涉球員的簽約和轉會，讓才華橫溢的球員統統集中到這支球隊。

此外，我們可能無法想像，但棋類也是一種正式的體育項目，也有多個聯盟，100年間只出了16個統一冠軍，其中有7人是蘇聯時代產生的。

接下來要介紹的是與勝負有關的「賭博」。

在職場上以伏特加作為賭注倒是無傷大雅，但也有經營地下賭場的黑幫。鮮為人知的是，蘇聯也有公營賭博。莫斯科中央賽馬場早在帝俄時代就已經存在，並未在革命期間遭到廢除。

公營賭博對於社會主義體制來說似乎是一個重要的收入來源。騎師騎在馬上這種常見比賽方式稱為sukashiki，拉馬車的比賽方式稱為bega。隆冬時也會舉辦使用雪橇的三駕馬車比賽（Troika Race）。

賭法有單勝和連勝複式。一張馬票為1盧布，如果壓中大冷門，就能大賺一筆，只可惜盧布無法兌換成外幣。

盧布本身禁止攜帶出境，所以外國人雖然可以投注，卻無法把獎金帶到國外，這些意外之財只能在莫斯科花掉。

順帶一提，蘇聯也有彩券，但玩的人並不多。有些商店在找零錢的時候會用彩券代替，所以似

若要在蘇聯度過一個優雅的假日，首先得擁有一輛自用車。照片中的車是在80年代風靡一時的Lada Samara。相較於傳統的蘇聯轎車，這款車的設計較為時尚，但品質不太理想。

乎給人的印象不太好。到了1990年代，彩券的信用度更是直線下降。有些人明明中獎，卻被告知「這張彩券是偽造的」，導致無法兌換獎金的例子屢見不鮮，導致彩券的業務因此告終。

夢幻的別墅生活

蘇聯公民的夢想是擁有一棟位於郊區的別墅（дача）。然而，就算有錢也買不到。在禁止私人擁有土地的共產蘇聯，所有不動產都只能用租賃的方式。雖然只要成為共產黨幹部，黨就會提供等同免費的豪華獨棟房屋，但一般公民可沒那麼好康。

在田裡種植農作物，也是為了應對糧食短缺的情況。不過，最重要的是баня。有人說，即使忘記蓋廁所，也不能忘了蓋баня。

баня在日本被稱為芬蘭式三溫暖，商業的баня就像是把三溫暖、澡堂和游泳池結合在一起的大型設施。

баня單在莫斯科市內就有50多處。名為蒸氣室的房間內設有鍋爐，鍋裡有燒紅的石頭，人們將水灑在石頭上，享受熱騰騰的蒸氣。

為了促進排汗，人們用捆起來的白樺樹枝用力拍打全身，等到無法忍受時，便直接跳進冰冷的水池裡。

據說反覆進行這個動作，就能排除體內毒素，感到煥然一新。洗完澡後來一杯冰鎮的伏特加，與他人大聊特聊，堪稱是最大的享受。

剩下的問題是如何前往дача。有自用車的人沒這方面的問題，沒車的人必須搭乘火車或公車前往。跟位於火車站或公車站附近的農家簽約，僅在週末租屋的人變得愈來愈多。

對於農家而言，週末租屋也是一筆額外的收入，因此在莫斯科等大都市，人們似乎都普遍採取這種方式。

蘇聯的大都市多半面向河川，遊覽船於河上運行。有些船設有住宿設施，供遊客住在船上，用幾天時間享受河上的風光。從日本人的角度來看，我覺得這樣的度假方式也很優雅。

津久田

速水

即使是假日，勞動節和革命紀念日也有各種活動，不能好好地休息。不過也有些人喜歡從事幕後工作，聽這些興高采烈地安排勞動節遊行的工作人員的故事或許很好玩。

蘇聯從史達林時代末期開始就不曾在奧運中缺席，期望藉此在體育方面證明社會主義的優越性，最後終於在1980年舉辦莫斯科奧運。

Летние Олимпийские Игры 1980

前進莫斯科！

■日本首次參加的奧運是1912年的斯德哥爾摩奧運，蘇聯則是到1952年的赫爾辛基奧運才第一次參加，這40年的差距，足以象徵蘇聯在國際社會上有多麼孤立；值得一提的是，赫爾辛基奧運也是日本戰後第一次參加的賽事。1952年仍是史達林時代，蘇聯和芬蘭是8年前仍處於戰爭狀態的敵對關係，對蘇聯人來說，這件事或許讓他們的心情既高興又複雜…。■莫斯科是在1974年獲得奧運的舉辦權。現代人的印象往往停留在戰後美蘇兩國一直處於冷戰狀態，但其實也有一段緩和緊張關係的時期。當時正值緩和時期，我想莫斯科之所以能夠雀屏中選，可能也與這樣的氛圍脫不了關係；順帶一提，當時蘇聯的競爭對手是洛杉磯。只不過，這個緩和狀態因為1979年蘇聯入侵阿富汗而破滅，從此進入新的冷戰時代。還真是愛自找麻煩…。■莫斯科奧運的吉祥物是著名的米沙熊。米沙熊的商品多到數不清，至今仍是跳蚤市場的經典商品，畢竟很可愛嘛。日本也在1979年將米沙熊製作成電視動畫，我記得自己當時也有看過。當時的米沙熊盤子，後來被我拿去給家裡飼養的鴨子使用…現在想想真是太浪費了！

冰淇淋從古至今都很受歡迎，聽說蘇聯的冰淇淋很美味。

無所謂啦!!

公主、蘇聯和奧運

近代奧運第一屆大會於1896年在希臘雅典舉辦，那是在列寧遭到逮捕、流放到西伯利亞的隔年。或許因為這個緣故，蘇聯長期以來都將奧運視為「資產階級的娛樂」而不屑一顧。

事實上，帝俄時期自1900年起參加過三次奧運，最後一次參賽是在1912年，那時派出超過150名選手的代表團。

然而，1924年的第8屆巴黎奧運卻出現了一個奇怪的紀錄。當時蘇聯已經成立，卻有三個人以俄羅斯代表的身分參加，而且其中一人是女性，這對當時來說是相當罕見的事情。經過調查後得知，這位女性是瑪麗‧尼扎拉澤公主（Принцесса Марии Нижарадзе，Mariya Princess Nizharadze）。

她出身自喬治亞的貴族世家，這個家族與13世紀後期建立的伊梅列希王國（Kingdom of Imereti）頗有淵源。在帝俄時期，皇帝賜予家族「князь（發音為Knyaz）」的稱號，地位相當於大英帝國的公爵家族。

瑪麗公主參加的是「藝術競技」，這是以體育

★СЛИШКОМ ПОЗДНО, ЭТО СССР!

莫斯科奧運
標誌。
大概是以
克里姆林宮的
尖塔為意象，
感覺滿酷的。

■眾所周知，由於抗議蘇聯入侵阿富汗，包括美國、日本、西德等約50個國家，皆共同抵制莫斯科奧運；另一方面，英國和法國等多數西歐國家都有參加，這點或許少有人知道…。■渴望被世界認可！這是蘇聯和俄羅斯一直以來的夙願（大概各國都是這麼想的吧），他們傾全國之力舉辦的奧運被糟蹋，即使在4年後的1984年洛杉磯奧運反過來抵制（大多數共產國家因為對美國出兵格瑞那達表示抗議而沒有參加），也無法弭平上次的創傷，這一點在2014年2月舉辦的索契冬季奧運就展現出其驚人的怨念（※譯註：違反奧運休戰協議出兵克里米亞和禁藥風波）。

■莫斯科奧運和索契奧運之間出現小小的爭執。索契奧運有三個吉祥物，其中之一的北極熊（似乎沒有名字，真厲害！）被指稱是抄襲米沙熊！其設計者維克托·奇日科夫先生（Victor Chizhikov）對此提出嚴正抗議。雖然官方聲明這不是山寨品，但怎麼看都覺得說不過去啊…。

■話題再拉回到1980年，蘇聯對於奧運充滿著熱情。當時的蘇聯經濟已經一蹶不振，排隊購物成為家常便飯……但在奧運期間，街上隨處都看得到食品和商品。

■正如津久田先生所述，在建設的熱潮下，各種設施如雨後春筍般湧現。當時建造的飯店，價格相對合理（現在的莫斯科可是世界上住宿費用最高的城市！），交通十分便利，因此成為旅客和團客的最佳選擇。我住過好幾次文章中提到的科斯莫飯店，那是一家很不錯的飯店。為了奧運而興建的設施，還有謝列梅捷沃國際機場的航廈這個莫斯科的門戶。

這個用來迎接奧運訪客的超級大國機場，在當時顯得非常陰暗和冷清。有些粉絲可能會覺得很有蘇聯的風格（比如我），但令人驚訝的是，這座機場竟然是由西德的企業所承建…。如今這裡已變得非常乾淨、寬敞且明亮，而且還提供免費高速的Wi-Fi。

過去的怪異
天花板物體

為題材，選擇繪畫、雕刻、文學、建築或音樂其中一項來競賽的項目；從1912年至1948年間，共有七屆奧運將其列為正式項目。

據說瑪麗公主實際上擁有法國國籍，當時的列強國家對蘇聯十分冷淡，所以才讓這位亡國的公主以俄羅斯代表的身分參加。

另一方面，蘇聯是從1952年的赫爾辛基奧運開始才首度參賽。史達林試圖在各個領域提升蘇聯的威望。

選手團沒有辜負他的期待，一開始就成為爭奪獎牌的大熱門。

社會主義的優越性必須在體育運動中得到證明。蘇聯的運動員雖然名義上是業餘選手，卻享有國家提供的生活保障，在最好的環境下進行訓練，實力絕對不容小覷。

時間來到1969年。這一次，布里茲涅夫總書記下令全力爭取舉辦奧運。蘇聯體育委員會的謝爾蓋·帕夫洛夫（Sergei Pavlov）委員長擔任代表，首要目標是爭取1976年的奧運主辦權。

可惜的是，這次他們輸給了加拿大的蒙特婁。不過，蘇聯以社會主義國家特有的完善支援體制作為訴求，逐漸獲得國際奧委會理事們的支持。

列寧體育場。這裡有一段時間是跳蚤市場的場地，通道上堆滿了皮夾克和牛仔褲等物品。縫隙間有販賣名為шашлык（發音為Shashlik）的羊肉串攤販，形成充斥著煙霧、騷味和喧囂的混亂空間。

事實上，當時奧運的規模愈辦愈大已經成為一大問題。蒙特婁也背負著巨額的赤字，此後數十年都得靠市民的稅金來填補。財政面的保證成為一項重要的因素。

辛苦總算有了成果，莫斯科終於獲選為1980年奧運的舉辦地；順帶一提，這次進入最終投票的對手是美國的洛杉磯，這個發展讓人有種宿命的感覺。

蘇聯式的招待

確定獲得主辦權後，蘇聯便像戰時體制一樣，開始全力著手準備工作。

主場館是位於莫斯科西南部的列寧中央體育場。在蘇聯大受歡迎的足球，預賽是分散在列寧格勒、基輔和明斯克進行；帆船和獨木舟比賽則分配到愛沙尼亞共和國的塔林舉辦。

相關設施總共有76處進行改建和新建。提供給外國遊客的飯店，光是新建項目就有10處。作為空中門戶的謝列梅捷沃機場，也興建了新的航廈。

蘇聯當局估計每天會有15萬名外國遊客，預料還有10萬名莫斯科市民參與其中。

大會運營的志工有3萬人，警官也增加了5萬人，但人手還是不足，因此又加派內務部的4萬名士兵支援。

然而，反恐措施最讓蘇聯當局繃緊神經。1972年的慕尼黑奧運上，曾發生過選手村遭到巴勒斯坦游擊隊闖入的事件，導致以色列代表團全數遇害身亡。

當時的KGB主席尤里‧安德洛波夫認為現有的警備體制不夠嚴密，於是1977年在KGB第5總局新成立第11課。

第5總局是「鎮壓反體制活動」的專責部門，平時的任務是監視蘇聯境內的知識分子、記者和宗教信徒，特別注意猶太教徒和伊斯蘭教徒，也負責瓦解那些流亡海外的人組成的反蘇聯團體。

新成立的第11課被賦予了一個長到不行的正式名稱，叫做「針對莫斯科夏季奧運期間的破壞活動和敵對行動，負責執行排除作戰和行動的чекист（KGB職員）」。反恐特種部隊「阿爾法部隊」也在這個時期誕生。

他們對工作非常熱衷。

首先是鎖定3,000名國際恐怖組織的成員，將這些人的個人資料送到所有的邊境檢查站和入境管理辦公室。

接下來是徹底調查住在主辦城市方圓100公里的居民身分。有前科的人、與組織犯罪有關的人、批判蘇聯體制的人，全都受到嚴密監視。

這是為了預防一般犯罪，也就是要防止針對外國遊客的搶劫和暴力事件等。

另外，被診斷為「有性暴力傾向」的精神病患都送往精神病院強制隔離，直到奧運閉幕為止。

這還沒完。

在蘇聯即使是國內旅行，也必須得到當局許可，奧運期間前往莫斯科受到極其嚴格的限制。

住在當地的人就算想親眼觀看奧運比賽內容，也不被允許。不僅如此，一些原來已經獲得許可的旅行計畫，也被強制取消。

這樣的待遇就像在說「鄉巴佬就老實地在電視上觀賞吧」一樣。

主要道路也被封鎖，自用車都被趕了回去，據說連鐵路也被改道繞過莫斯科，可以說限制得相

奧運泳池。位於列寧體育場旁，與周圍的運動設施整合成奧運體育綜合館。綜合（ ｋｏ мплекс ＝ Complex）是「集合體」的意思，是蘇聯經常使用的用語。

當徹底。

　　日本有一首炒熱奧運氣氛的合作歌曲，名為《前進莫斯科》，但現場給人的感覺比較像是「別來莫斯科」。

戰爭等到奧運結束後再說

　　1979 年 12 月 24 日。彷彿嘲笑西方國家沉浸在聖誕氣氛當中一般，蘇聯軍隊入侵了阿富汗。美國對此表示強烈譴責，同時宣布抵制莫斯科奧運，包括日本在內的西方各國也紛紛跟進。

　　在這個節骨眼採取軍事行動，會對奧運帶來什麼樣的影響？我不認為克里姆林宮沒有考慮過這一點。然而，從蘇聯領導層的實際行動來看，「根本沒人在意奧運」的說法更有說服力。

　　最終，莫斯科奧運變成以東方陣營為中心的形式舉辦。

　　開幕典禮上，布里茲涅夫總書記發表開幕宣言。隨即進行舞蹈和團體表演，正在太空站禮炮 6 號上的太空人，也從衛星軌道上捎來祝福。從

現在的角度來看，演出相當樸素。

　　沒有對手的蘇聯展現出壓倒性的實力，但不可否認的是，日後給人留下不好的印象。

　　日本對奧運的熱情迅速消退，比賽結果只受到小幅的報導。體育和政治密不可分，跨越國界已經被證明並非一件容易的事情。

　　閉幕典禮上，觀眾席排出大會吉祥物「米沙熊」的圖案。米沙熊向觀眾道別，同時流下了眼淚，蘇聯的威信迎來令人難堪的結局。

　　後來舉辦的洛杉磯奧運，不出所料，蘇聯和東方陣營都以抵制作為報復。

　　當時的理由是美軍入侵格瑞那達。美蘇雙方都在絕妙的時機點發動戰爭，這點著實令我佩服。

　　雖然現在事後諸葛沒什麼意義，但假如莫斯科是在 1976 年取得奧運主辦權，說不定就不會發生後面的抵制問題。

　　那時蘇聯和西方的關係會發生怎樣的變化，如今也只能靠想像了。

莫斯科奧運的抗議抵制活動讓人感覺很出名，但其實類似的風波早就發生過很多次。像 1948 年的英國奧運就曾將日本和德國排除在外，國際奧委會也有過主動讓某些國家吃閉門羹的例子。

津久田

速水

我看過米沙熊的動畫。有個忘了從哪買來的盤子，上面印有米沙熊的圖案。後來那個米沙熊盤子被拿去給家裡飼養的鴨子使用，所以每當我看到那隻紅色的熊，就會想起那隻鴨子。

其7 你所不知道的蘇聯

ソ連邦
生活ガイド

即使在標榜科學社會主義和無神論的蘇聯，神祕學也很盛行，基督教和斯拉夫民間信仰都與市民的生活密不可分；此外，超能力和UFO等也比其他國家更受歡迎。

科學共產主義

Научный
Nauchnjy Kommunizm…?
коммунизм…?

蘇聯是一個奉行馬克思列寧主義、宣揚「科學共產主義」的國家，但是人類沒那麼容易變得「科學」。神祕主義在俄羅斯和中亞地區原本就十分盛行，因此科學與神祕主義有時就會融合在一起（說成神祕學好像有點失禮？），其中 俄羅斯宇宙主義（Russian cosmism）特別值得一提，奠定宇宙火箭和太空探索基礎理論的齊奧爾科夫斯基也是其信徒之一。所謂的俄羅斯宇宙主義，簡單來說就是透過走出宇宙，來實現人類種族的發展及永生，這個思想深深影響著後來的蘇聯太空探索，或許現在也一樣。1989年，一群少年在沃羅涅日（Voronezh）目擊到不明飛行物和外星人，國營通訊社塔斯社也報導了這起事件。順帶一提，蘇聯共產黨機關報《真理報》後來發生很多事情，現在只是一份小報，所以千萬不能相信《真理報》報導的離奇新聞喔。

崇尚真正的神祕學（偽科學）和李森科主義（Lysenkoism）。他大力推崇自己的遺傳學，並受到共產黨的採納，給蘇聯的農業和遺傳學造成巨大的損害。如果剃光一個人的頭髮，那麼這個人的孩子也會變成禿頭…簡單來說就是這樣的理論。

李森科
有著瘋狂科學家的一面……

齊奧爾科夫斯基 1857～1935

★СЛИШКОМ ПОЗДНО, ЭТО СССР!

農莊主席化成鬼現身

卡爾‧馬克思在他的著作《資本論》中寫道：「有一隻妖怪在歐洲徘徊，它就是名為共產主義的妖怪。」這隻妖怪後來在烏拉爾山脈西邊的土地上定居，蘇聯就此誕生。

然而在此之前，這片斯拉夫的大地上早有精靈、女巫、怨靈等妖魔鬼怪在遊蕩。人們總是意識到潛伏在黑暗中的存在，時刻留意現世與異界的界限。

儘管現在已經完全改變，但過去初來乍到莫斯科謝列梅捷沃國際機場的外國人，都會驚訝地心想這裡真的是蘇聯首都的門戶嗎？

很暗，總之就是一片昏暗。

為了節省電力，只提供最低限度的照明。人流稀少的通道就像洞穴一樣，途中設置的郵箱只能隱隱約約地看見。從另一個意義上說，不禁讓人擔心投遞的信件會被送往哪裡。

空氣相當乾燥，光是呼吸就覺得口乾舌燥。整個建築物彌漫著柴油味，低沉陰鬱的俄語廣播在耳邊迴盪。

奇怪的是，一旦習慣了這種環境，回到日本後

有許多士兵是虔誠的信徒。

跟神祕學一起介紹可能有點失禮，但與宗教有關。蘇聯是個由多個民族組成的複雜社會，當然存在各式各樣的宗教，包括以俄羅斯東正教為首的各派基督教、伊斯蘭教、猶太教、佛教、薩滿教…儘管原則上承認信仰自由，但禁止在教堂或清真寺以外的地方傳教，甚至還特地通過「反宗教宣傳的自由」之類的法規。尤其在史達林時代前半段，宗教受到嚴重打壓，有許多宗教設施遭到破壞，變成博物館、倉庫、住宅或孤兒院，最糟糕的還變成集中營…但就算這麼做，也無法抹滅長期根深蒂固的文化。雖說人微言輕，但宗教的存在逐漸受到認可，後來甚至出現前往教堂參拜的黨員…這方面的「表面和真心」、「微妙的關係」，可說是看待蘇聯時不容忽視的關鍵。

說到俄羅斯教堂，大多會聯想到後來變成博物館、座落於紅場上的聖巴希爾教堂。

俄羅斯正教會的降誕節（聖誕節）很難廢除，因此便改成沒有宗教色彩、用來慶祝新年的「杉樹節」。一想到聖誕節實際上是承襲基督教以前的冬至節，這或許算是一種諷刺的巧合…？

蘇聯版的聖誕老人是嚴寒老人（Мороз，發音為 Moroz）和雪姑娘（Сheгу′рочка，發音為 Snegurochka）。

16世紀的建築。

這一頁好多鬍子大叔…

俄羅斯東正教的修道士。

蘇聯解體後，宗教爆發性捲土重來，教堂和清真寺不斷興建，尋求取代共產主義意識形態的前蘇聯各國也十分依賴宗教。

反而覺得太過明亮。

沒有人的地方也燈火通明，到處都有令人眼花撩亂的影像和背景音樂作點綴，這不禁讓我思考日本該不會是刻意藉此消除與異界的接觸吧？

這裡所謂的異界，就是「死亡世界」。

縱使蘇聯成立，這種情況也沒有消失。擔心現世和異界的界線被打亂的人，至今仍不喜歡隔著門檻跟別人握手，或者隔著大門收下物品。

還有各式各樣的迷信，例如看見黑貓從面前經過，就要隔著左肩吐三次口水；談到生病的話題時，就要敲打身邊的木製家具來消災解厄；還有

招來不幸的信件。

相傳這些「斯拉夫黑暗」起源於傳統農民房屋的結構。室內的主要光源是печь（發音為pech'），它是爐灶，也是暖爐。人們利用它烤麵包、煮湯和取暖。

печь被認為是祖先靈魂棲息的神聖場所，人們相信其陰影中居住著一種名為「Домовой（發音為Domovoy）」的精靈。人們至今仍對печь的靈性功能深信不疑，甚至有專業的民俗療法師會利用печь來醫治半夜哭鬧的嬰兒，方法是將嬰兒的腳跟貼在печь上。

有「彩色洋蔥頭」之稱的聖巴希爾教堂。雖然常被作為克里姆林宮的代名詞，實際上卻位於城牆之外。外觀看上去有些混亂，從正上方俯視，可以看見每座塔都整齊地排列成十字形。

關於死者從黑暗中現身的故事也多不勝數。

1986 年某個寒冬的夜晚，諾夫哥羅德地區某個集體農莊的主席和工頭喝下大量的伏特加，結果在屋外睡著，就這麼凍死了。

在那之後，集體農莊的員工們便遇到一連串的麻煩。每當他們下班趕著回家時，集體農莊的主席和工頭就會緊隨在後。如果是年輕的女性，祂們甚至會試圖跟進屋子裡，於是人們在門上畫十字架的標記，只要感覺到祂們的存在，就拚命地念誦「阿門，阿門」。

據說這場騷動一共持續了40天，斯拉夫有一種在死者去世的第40天舉行追善供養的習俗，名叫「Сорочины（發音為Sorochinj）」，與日本的四十九日相同。

對於這樣的情況，蘇聯當局也繃緊神經。他們認為神祕學的蔓延將導致宗教興起，從而產生不利於社會主義體制的局面。

年輕人的信仰更被視為一大問題，每當舉辦復活節彌撒等大規模的宗教活動時，蘇聯當局就會在電視上播放平時看不到的好萊塢電影，或是允許舉辦搖滾音樂會，以阻止年輕人前去教堂。

但實際上，婚禮都集中在復活節後的假日「Красная горка（發音為Krasnaq gorka）」舉辦。由於4月正好是俄羅斯正教的齋戒期，因此結婚宮殿經常會被無預警取消。

即使沒有宗教信仰，許多人也會受到祖母等長輩的強烈反對而妥協。

蘇聯雖然對宗教冷眼相待，但仍表現出一定程度的照顧。在稅收方面，教會的收入受到優待，聖經、聖像和供奉蠟燭等收入也相當可觀。在洗禮、婚禮和葬禮等場合也接受捐獻，據說神父的月薪是高級工程師的2到3倍。

對超能力的科學探索

眾所周知，蘇聯一方面對神祕學懷有戒心，另一方面也致力於科學上的解釋。

其代表人物是一位名叫妮娜・庫拉吉娜（Nina Kulagina）的女性。

據說庫拉吉娜擁有透視能力和念動力。1960年代，紀錄她展現這些能力的影像被公諸於世，於全世界引起轟動。

那是一部無聲的黑白影片，只見她用指尖作出手勢，桌上的火柴等物體便慢慢地朝她的方向吸引過去。

列寧格勒大學的科學家在聽說這件事後隨即展開調查，他們也證實庫拉吉娜「毫無作假」，然而蘇聯國內卻指控這是「騙子的作弊行為」。

這裡不對其真偽作出任何評論，但對外發布資訊向來謹慎的蘇聯當局，為何會對這種危險的能力大肆報導，令人不禁猜測其中的用意。

還有一個廣為人知的事件，據說KGB曾經成立過一支超能力部隊，但這也是來源不明的消息。美國似乎曾經認真實驗過能否透過心電感應與潛艇通訊，掌握這項情報的KGB可能是為了與美國對抗而進行研究。

在冷戰時代，美蘇雙方只要有人提出「敵人正在進行某項研究」，大部分的專案都能夠獲得預算，說不定這只是抱著姑且一試的心態？

空前的 UFO 熱潮來臨

UFO 在俄語中寫作「НЛО（發音為NLO）」。蘇聯從1980年代中期開始出現熱烈討論UFO的

正在施展超能力的妮娜・庫拉吉娜（Nina Kulagina）。驗證並非在密室進行，見證人和攝影機都在一旁晃來晃去，就算按照當時的標準，是否可以稱之為科學仍值得懷疑。即便是業餘的魔術師，也應該能做出數不清的把戲。

團體，並接連舉辦展覽會和研討會，戈巴契夫總書記正是這股熱潮的推手。

他在公開場合被問及關於UFO的問題時，做出承認調查機構存在的發言。

實際上，他只是以耐人尋味的語氣說：「我聽說過有進行這方面研究的團體。」但不出所料，這句話被誇大為「蘇聯領導人正式承認UFO的存在！」，讓全世界的UFO研究人員大受鼓舞。

在這個領域，蘇聯也擁有通古斯大爆炸這樣的題材，所以也許不無道理。像超能力一樣，這裡不評論UFO的真偽，但據說UFO熱潮與改革停滯不前帶來的社會不安和言論自由化有關。

根據研究人員的說法，蘇聯境內目擊到UFO的案例有兩個高峰期，分別是1966到1967年和1977到1979年。其中，70年代的目擊次數高達900次。

不過，1989年才是最盛行的一年。速水先生插畫中的沃羅涅日UFO事件是發生在9月至10月之間，但在距離莫斯科約70公里的索爾涅奇諾戈爾斯克村，有一名業餘畫家在7月時遭到外星人的綁架。

此人聲稱自己被帶到另一個星球，而那裡有3個月亮。

在南烏拉爾的彼爾姆州，有人目擊到神祕的光，而蘇聯新聞社記者也實際拍到了奇怪的光。

隨著莫斯科開設UFO學的講座，這股熱潮達到了最高峰。在俄語中帶有「基礎」之意的「БАЗИС（BAZIS）」，是「教授非傳統科學技術方向的學校」，那裡開設了一門由60小時堂課組成的UFO學入門課程。

課程內容十分豐富，包括播放紀錄片、邀請目擊者講課、傳授野外研究的工具和方法等等。當然，這所學校並沒有獲得正式教育機關的認可，但據說僅僅透過廣播上宣傳一次，就吸引了1,500名學員前來報名。

對地外文明的關注，或許成為帶給蘇聯人們嶄新世界觀的契機也說不定。

坦白說，我也稍微參與了蘇聯（俄羅斯）的UFO熱潮。電視台曾經請我對當地拍攝的一段影片發表評論，節目播出後，朋友都拿這個來尋我開心，想不到大家都有看呢。

津久田

速水

蘇聯時代一脈相承下來的神祕思想和神祕學，解體後因為社會動盪而爆炸性地增加。看看90年代的俄羅斯報紙，就會發現奧姆真理教的公告隨處可見，這也是時代的一部分啊……。

爸爸與蘇聯

採訪・Jenya

Jenya的父親Ivan先生，在蘇聯時代是一名職業軍人。他曾經是斯佩茨納茲（特種部隊）的一員，最終軍階為中校，可說是名副其實的軍官。這次，我們請Jenya採訪自己的父親，請他談談蘇聯時代的回憶。結果，採訪過程中竟發現連Jenya都不知道的「爸爸的青春故事」。

 ## 作為一名生活在蘇聯這個國家與那個時代的人類

●少年時代都在做些什麼？

Jenya（以下簡稱J）：首先請您告訴我們對學校的記憶和小時候的村子景象。

Ivan（以下簡稱I）：那是一間普通的鄉下學校。我有很多朋友，上課很有趣，那是一段美好的回憶。俄羅斯文學、母語、歷史和物理學是我最喜歡的科目。

　　放學回家的路上是我最喜歡的時間，因為我可以慢慢思考作業的答案。我每天都要穿過森林步行4公里上學，偶爾也會騎腳踏車，這兩種上學方式都能鍛鍊身體，是很棒的運動。冬天還會滑雪去上學。

J：原來有冬天啊！我還以為烏克蘭很溫暖！

I：平常很冷喔（笑）

J：當時流行哪些遊戲？

I：我們經常踢足球、打排球或下棋，冬天還會在結冰的湖面上玩冰上曲棍球！

J：欸欸，學校會教KGB的事嗎？

I：學校不會教這些東西喔。大家心裡多少都明白，但學校沒有教這些東西的習慣。

J：您有被警察叔叔兇過嗎？

I：怎麼可能。

●與媽媽的相遇

J：下面聊聊您的青春時代吧。您是怎麼認識女生的？初戀對象是誰？

I：我哪有那個閒情逸致去認識女生，因為高中畢業後我就馬上入伍了。女性朋友都是同學，初戀對象就是妳的媽媽，我在還是士官候補生的時候認識了她。

J：咦咦～！您跟媽媽是怎麼認識的？

I：士官學校位於科學城（Akademgorodok，新西伯利亞附近的學術研究都市），我去新西伯利亞玩的時候，都是搭妳叔叔開的公車去的，那個時候妳媽媽也在車上。

　　她認識妳叔叔，所以叔叔便介紹我們認識，世界還真小對吧。一陣子之後，妳媽媽來士官學校找我玩，那時候的候補生可是很受歡迎的。後來我邀請她去參加舞會，那應該就是我們的第一次約會吧。

J：當時怎樣的男生比較受歡迎？

I：軍人和士官候補生很受女生歡迎。

J：原來爸爸以前那麼受歡迎啊！不過看照片確實長得滿帥的。您是怎麼選擇職業的呢？

I：我住的村子附近有一座靶場，所以我經常遇到軍人，與他們聊天。親戚裡面也有人當士官，每當看到那位親戚穿著軍裝搭乘大型軍車回來時，感覺實在帥呆了。我從小就很喜歡軍服，入伍前

一直都很嚮往軍隊。服役一年後，我就決定直接進入士官學校，成為一名職業軍人。

J：一條路走到底啊！如果沒當軍人，您覺得自己可能會從事什麼行業呢？
I：不曉得耶，我從來沒考慮過軍人以外的職業。

●身為蘇聯軍人

J：您的第一份薪水有多少？花在什麼地方呢？
I：180盧布，當時這算是不錯的待遇了。工程師的薪水大約100盧布，士官卻能拿到180盧布，這些錢都夠我買電視或冰箱等家電了。事實上我也買了冰箱。

J：在那之前沒有薪水嗎？
I：軍隊哪有什麼薪水。我們領的都是津貼，每月19盧布，這些錢是讓我們買衛生紙之類的用品。食物和軍服都是軍隊供應的。
J：這表示，只要當上士官，薪水就會增加10倍囉！
I：年資愈久，每年的薪水都會提高。

J：請問您一些稍微專業的問題吧。您曾經擔任過政治將校（замполит）對吧，工作內容包括哪些呢？
I：那是努力認真且責任重大的工作，比指揮官（Командир）還難當。不僅得接受身為軍人的教育，也要能做跟指揮官一樣的工作，還得培養和教育人才，是一份需要與人互動的嚴肅工作。政治將校也稱為政治委員，妳有聽說過蘇聯共產黨嗎？
J：當然囉，我以前可是有參加過пионер（列寧共產主義少年少女團）呢。
I：1917年革命後，蘇聯共產黨派出一群政治委員到軍隊裡，其工作內容是「在軍中經營共產黨的政治」，透過教授意識形態等來鍛鍊士兵的精神力，成為士兵心目中理想、憧憬的存在，這也是工作的一部分。
J：爸爸為了參加共產黨的會議會到莫斯科出差，我小時候記憶最深刻的，就是每當爸爸回來時都會帶著裝滿糖果和玩具的箱子！
I：是嗎是嗎（笑）。

J：上政治課會不會覺得無聊？
I：倒還好，沒那麼無聊。

J：自己當上政治將校後，會覺得政治將校工作很辛苦嗎？
I：不會，我很喜歡這份工作。

J：您曾做過各種不同的工作對吧。不只政治將校，也有從事過人事方面的工作吧，在20年的軍旅生涯中，您最喜歡的是什麼工作呢？
I：我當上士官後的第一份工作就是特種部隊。那裡很有活力，我過得非常開心。

J：我還想問您很多事情，但今天就聊到這裡吧。原來爸爸有那麼多我不知道的事情呢！
I：隨時都可以問我！
J：嗯！

★ 兩人基本資料 ★

父・Ivan

Ivan Petrovich Davidyuk。1958年生於蘇聯烏克蘭社會主義和國日托米爾州。前蘇聯軍官、спецназ（特種部隊）。最終軍階為中校。

女・Jenya

俄羅斯新西伯利亞出身。2005年立志成為聲優而來到日本，在「福音戰士新劇場版：破」中出道。配音作品包括劇場版動畫《少女與戰車》的庫拉拉、TV動畫《怪盜喬克》的吹牛貴婦等；此外也擔任NHK電視台《ロシアゴスキー》的固定班底。除了聲優和演藝活動外，也擔任許多動畫和電影的俄語監修與發音指導。畢業於俄羅斯新西伯利亞國立經濟管理大學資訊系，日語能力檢定N1合格，TOEIC 935分。

後記

各位尊敬的讀者！某位研究者曾經說過：「要花5年的時間才能夠理解蘇聯。」正如這句話所說，本書在撰寫過程中，我被蘇聯及在那裡生活的人們所處的時間與空間的規模所震撼，每一天都在重新追問真實的意義，這就好比用針尖刮掉一塊比克里姆林宮還要巨大的黑麵包。儘管我已經努力嘗試從多個角度去審視，但仍無法描繪出全貌。在這裡我要對支持和鼓勵這次嘗試的許多人表達最誠摯的謝意；現在，讓我們為了大家的健康乾杯！

——津久田重吾

大家好，我是速水螺旋人。真的、真的很抱歉讓大家久等了。津久田重吾先生、來賓広江礼威先生、六鹿文彦先生、大野典宏先生、Jenya小姐、Ivan先生、編輯若尾先生，以及最重要的各位讀者，非常感謝大家！
不久前我才去過中亞的烏茲別克，漫步在綠洲城市希瓦充滿絲路風情的舊街道，一想到「啊，這裡曾經是蘇聯的一部分呢，也有過黨書記之類的人物」，就覺得非常不可思議。
蘇聯並不等同於俄羅斯，但俄羅斯是個龐大、複雜、多層次且空前絕後的獨特國家，這個國家認真追求理想，在現實中辛苦掙扎，終因無法承受矛盾而夢想破滅。希望大家都能透過本書感受到蘇聯的多元魅力。蘇聯的問題至今仍然懸而未決喔。

速水螺旋人
2018

主要参考資料一覧（順不同）

『ロシア・ソビエトハンドブック』三省堂

ハリエット＆ウィリアム・F・スコット『ソ連軍』時事通信社

ゲンナジー・アルバトフ『ソ連邦崩壊』恒文社

ノーボスチ通信社東京支局『ソ連人は日本をどう見ているか？』新森書房

西村文夫『ゴルバチョフ』日本経済新聞社

桑原史成『病める大国ロシア』ニッコールクラブ

ウラジーミル・ゴリァホフスキー『ロシアンドクター』原書房

福田正己『極北シベリア』岩波書店

栗原成郎『ロシア異界幻想』岩波書店

セルゲイ・ゴルシコフ『ソ連海軍戦略』原書房

ノーマン・ポルマー『ソ連海軍事典』原書房

デービッド・C・イズビー『ソ連地上軍』原書房

ビル・スウィートマン『ミグ戦闘機』原書房

ジョン・バロン『ミグ25ソ連脱出』パシフィカ出版

軍事研究編集部『写真集 ソ連地上軍』ジャパン・ミリタリー・レビュー

『ライフ第二次世界大戦史』タイムライフブックス

E・A・ホイール，S・ポープ，J・テイラー『第二次世界大戦事典』朝日ソノラマ

寺谷弘壬『日本人とロシア人ここが大違い』文藝春秋

今井博『暮らしてみたソ連 二〇〇〇日』毎日新聞社

盛田昭夫，下村満子，E・M・ラインゴールド『MADE IN JAPAN』朝日新聞社

D・スコット，A・レオノフ『アポロとソユーズ』ソニーマガジンズ

中薗英助『スパイの世界』岩波書店

ビクトル・スヴォーロフ『GRU』講談社

スタニスラフ・A・レフチェンコ『KGBの見た日本』日本リーダーズダイジェスト社

小川政邦・訳『KGBの世界都市ガイド』晶文社

ピョートル・ワイリ，アレクサンドル・ゲニス『亡命ロシア料理』未知谷

『モスクワ不思議の都』モード学園出版局

『北極圏』日本放送出版協会

『ソビエトの裁判』APN出版局

「地球の歩き方・ソ連」ダイヤモンド社

「世界の艦船 No.384・増刊第23集（ソ連海軍）」海人社

「歴史読本ワールド 1991年2月号（特集・ロシア革命の謎）」新人物往来社

「今日のソ連邦」在日ソ連大使館広報部

Carey Schofield "INSIDE THE SOVIET MILITALY" Abbeville Press

"ARMED FORCES OF USSR" ノーボスチ通信社

"USSR THE DECISIVE YEARS" ノーボスチ通信社

"ГОСУДАРСТВЕННЫЕ НАГРАДЫ СССР" イズベスチア

●取材協力（順不同・敬称略）

DMITRI I.KUROCHKINE

VRADIMIR V.SAVONIN

NICKOLAY P.PASHIN

YURY P.YEGOROV

PIOTR S KOMANOV

ALEXEY A.PATRIKEYEV

VALERY V.DERGILEV

GENADIY D.MAKAROV

VLADIMIR A PERVOUSHIN

KIRILL V.CYPLENKOV

[作　　　者] 速水 螺旋人
　　　　　　 津久田 重吾

[寄　　　稿] 広江 礼威
　　　　　　 六鹿 文彦
　　　　　　 大野 典宏
　　　　　　 ジェーニャ

[照片・資料] 津久田 重吾

[封 面 設 計] 井上則人デザイン事務所

[本 文 設 計] 今野 沙知子

IMASARADESUGA SORENPO
Copyright © Rasenjin Hayami, Jugo Tsukuda 2018
Chinese translation rights in complex characters
arranged with Sansai Books Inc.
through Japan UNI Agency, Inc., Tokyo and LEE's Literary Agency, Talpei

出　　　版/楓樹林出版事業有限公司
地　　　址/新北市板橋區信義路163巷3號10樓
郵 政 劃 撥/19907596　楓書坊文化出版社
網　　　址/www.maplebook.com.tw
電　　　話/02-2957-6096
傳　　　真/02-2957-6435
翻　　　譯/趙鴻龍
責 任 編 輯/林雨欣
內 文 排 版/洪浩剛
港 澳 經 銷/泛華發行代理有限公司
定　　　價/480元
出 版 日 期/2024年6月

國家圖書館出版品預行編目資料

全世界無產者,聯合起來!蘇聯史筆記通 / 速水
螺旋人, 津久田重吾作;趙鴻龍譯. -- 初版. --
新北市:楓樹林出版事業有限公司, 2024.06
　面;　公分

ISBN 978-626-7394-67-0（平裝）

1. 俄國史　2. 通俗作品

748.28　　　　　　　　　　　　113004233

Слишком поздно, это СССР!